Lo que dic
En el umbral de la esperanza

Una sobreviviente de abusos sexuales dice:
«Si ha sobrevivido a los abusos sexuales, no es el único. No solo tiene en sus manos un libro, sino el peso de las historias que describen lo que sintió cuando lo hirieron, tuvo miedo, estaba sin esperanza, abandonado y perdido en la oscuridad. Nosotros, los que sobrevivimos, luchamos con el dolor abrumador, el enojo, la confusión y las preguntas sin respuesta.

»Después de años de trabajo con sobrevivientes como usted y yo, la doctora Langberg entiende su sufrimiento y respeta su larga lucha. Sin embargo, su esperanza va más allá porque sabe lo que es la verdadera sanidad y que está disponible para usted. Habla la verdad frente a las mentiras y lo guiará hacia la Verdad, la única fuente de la verdadera sanidad.

»Le va a ser difícil leer este libro. Los que hemos transitado el camino antes que usted le prometemos que es una senda que vale la pena a cualquier costo. ¿Qué más puedo decirle? Lea este libro. Dé este paso hacia su propio umbral de esperanza».

Isabelle

Un consejero dice:
«Como consejero, le prometo que este libro tocará su vida en lo más profundo, ya sea que haya sobrevivido a los abusos sexuales, o sea alguien que decidió andar con un sobreviviente en su peregrinaje a la sanidad. Con sensibilidad y un lenguaje claro, la doctora Langberg le ayudará a enfrentar «el infierno» de la experiencia de los

abusos sexuales, aunque también le ayudará a conocer la presencia y el poder del Redentor.

»Debido a la experiencia de muchos años de Diane con sobrevivientes, sabe el trauma que enfrentan y brinda un lugar seguro a fin de que cuenten su historia. A través de la propia voz de la autora, y de las voces de otros sobrevivientes, entenderá cómo los abusos sexuales han dañado el cuerpo del sobreviviente, sus emociones, su manera de pensar, sus relaciones y su espíritu. Sin embargo, también escuchará de la esperanza a medida que estas mismas voces, unidas a la voz de Jesús, el Redentor, describan cómo es la sanidad en cada una de las esferas dañadas.

»Diane muestra la forma de encontrar la fuerza con el propósito de distinguir entre la realidad distorsionada de la experiencia del abuso y la verdad que puede comenzar a restaurar por completo a las personas dañadas hasta lo más hondo de su ser. Señala historias bíblicas de abusos sexuales y describe cómo Dios siente este maltrato. Muestra cómo el enemigo de nuestras almas, Satanás, es el creador de los abusos sexuales y que Dios ha mandado a un Campeón a fin de que pelee la batalla que ninguna persona, ningún consejero, ni ninguna cantidad de cuidado humano y compasión logran pelear solos.

»Este libro, que renueva y satisface a fondo al lector, abrirá las puertas a detalles específicos del proceso de sanidad y dará intensos ejemplos de sobrevivientes que transitaron el camino a la sanidad de maneras extraordinarias. Cuando leí estas páginas, me conmoví, cambié y recibí un nuevo sentido de esperanza y confianza en Aquel que recibió maltrato y sufrió a fin de que nosotros recibiéramos sanidad».

David Gatewood, Supervisor de Servicios de Consejería, Enfoque a la Familia

Un pastor y líder de iglesia dice:

«Cuando leí *En el umbral de la esperanza*, quedé atrapado en el contenido, desde el punto de vista emocional, espiritual, teológico e intelectual. Este libro es para esta época. Aunque se debió haber escrito hace mucho tiempo, ahora tenemos un libro que ayudará a los profesionales como también a los amigos y familiares de quienes caminan por la senda de la sanidad de las heridas de los abusos sexuales.

»Como ministro, consejero, educador cristiano y apologista cultural, creo que este libro debería ser lectura obligatoria para todos los que trabajan en un ministerio de ayuda: seminaristas, pastores, consejeros, directores de jóvenes y líderes laicos. Es un libro intenso que no solo ofrece pautas significativas que conducen a la sanidad del abuso sexual, sino que lo hace desde un buen punto de vista sicológico de relaciones mostradas dentro de un modelo teológico sin duda bíblico. Las perspectivas de la autora en las Escrituras nos abren nuevos horizontes a quienes ministramos a las personas. *En el umbral de la esperanza* es una secuela excelente al primer libro de Diane Langberg sobre el abuso titulado *Counseling Survivors of Sexual Abuse* [Consejería para los sobrevivientes de abusos sexuales]».

Dr. Charles Dunahoo, Director de Educación Cristiana, Iglesia Presbiteriana de América

Dra. Diane Mandt Langberg

En el UMBRAL de la ESPERANZA

Una puerta abierta hacia la sanidad de los sobrevivientes de abusos sexuales

En el UMBRAL de la ESPERANZA
Una puerta abierta hacia la sanidad de los sobrevivientes de abusos sexuales

Publicado por
Dra. Diane Langberg
Jenkintown, PA 19046 USA
Derechos reservados

Primera edición 2003 Español
Segunda impresión, 2015
© 2003, 2015 por Dra. Diane Mandt Langberg
Traducido al español con permiso de Tyndale House Publishers.
(Translated into Spanish by permission of Tyndale House Publishers.)

© 1999 Inglés por Diane Mandt Langberg
Todos los derechos reservados.
Originalmente publicado en inglés con el título:
On The Threshold of Hope
por Tyndale House Publishers, Inc., Wheaton, Illinois.

Ninguna parte de esta publicación podrá ser reproducida, procesada en algún sistema que la pueda reproducir, o transmitida en alguna forma o por algún medio electrónico, mecánico, fotocopia, cinta magnetofónica u otro, excepto para breves citas en reseñas, sin el permiso previo de los editores.

Traducido al español por: Raquel Monsalve
Diseño de la cubierta por: Timothy Dickens

A menos que se indique lo contrario, las citas bíblicas se tornaron de *La Santa Biblia Nueva Versión Internacional*. © 1999 por la Sociedad Bíblica Internacional. Usada con permiso.

ISBN: 1511713968

A los muchos sobrevivientes que he conocido: Sus vidas son un testimonio del poder redentor del Cristo viviente. Me siento honrada de haber participado en este trabajo con ustedes y en ustedes.

Contenido

Reconocimientos 11
Introducción 13

Primera parte: Abordemos el problema de los abusos sexuales 17

1 Comienzo 19
2 En el umbral 23
3 Cómo cuida de sí mismo a medida que lee 27
4 Usted es un sobreviviente 31
5 La historia de una mujer 37

Segunda parte Tratemos el abuso 45

6 Contemos su historia 47
7 Lo que sucede después que cuenta su historia 53
8 Entendamos alguna terminología 57
9 Analicemos el trauma 67
10 Abuso en la niñez 75
11 ¿Qué aprendió de su familia? 83
12 Una mirada entre bastidores 89

Tercera parte ¿Qué se dañó con el abuso? 99

13 El abuso dañó su cuerpo 101
14 El abuso dañó sus emociones 115
15 El abuso dañó su manera de pensar 127
16 El abuso dañó sus relaciones 135
17 El abuso dañó su espíritu 145

Cuarta parte ¿Cómo se ve la sanidad? 153

18 Sanidad para su cuerpo 155
19 Sanidad para sus emociones 165
20 Sanidad para su manera de pensar 175
21 Sanidad para sus relaciones 183
22 Sanidad para su espíritu 193

Quinta parte Cómo encontrar la ayuda de otros ...205

23 Cómo encontrar un buen consejero 207
24 Sugerencias para las personas que están
    junto a un sobreviviente 213
25 Algunos pensamientos finales 223

Lecturas sugeridas 231
Acerca de la autora 232

Reconocimientos

EN MI LIBRO anterior sobre el abuso sexual reconocí que todo libro es el trabajo de muchas personas, no solo de una. Esto es aun más cierto en cuanto a este libro porque toma en forma directa e indirecta de las vidas y palabras de muchas personas que han sobrevivido los abusos sexuales. Cada sobreviviente que conozco me ha proporcionado una historia, o parte de una historia, que bendecirá a cada persona que la lea. He asistido a la escuela de la vida con todos ustedes y es mi oración que haya aprendido las lecciones que me enseñan.

Algunos han pasado por la difícil tarea de tener que desenterrar su historia una vez más a fin de contribuir de forma específica en este libro. Sé que esa experiencia de recordar les ha costado mucho. Como escribiera una sobreviviente: «No pensé que escribir sobre esto sería gran cosa, pero cuando empecé a hacerlo, comencé a sentir bloqueo mental y tristeza con cada recuerdo que evocaba. Habría dejado de hacerlo, esconderlo, no pensar y no escribir. Muchas veces pensé en desistir, pero creo en lo que está haciendo y espero con todo mi corazón que este libro logre alcanzar a las personas en la comunidad cristiana». Estoy muy agradecida a todos ustedes.

De nuevo quiero expresar mi agradecimiento a ese grupo especial de amigos que han orado por mí a diario. Su compromiso de orar por mí todos los días, no solo cuando escribía, me ha bendecido y ha protegido mi vida de muchas maneras que se pueden ver y de otras que no se ven.

Mis asociados han orado por mí y han orado conmigo, y han tomado tiempo de sus ocupados horarios y de sus trabajos con sobrevivientes, a fin de formular preguntas,

Diane Langberg

editar y hablar sobre estas páginas. La Dra. Barbara Shaffer, el Dr. Phil Henry, la Dra. Susan Keortge, la Dra. Ruth Palmer y Elizabeth Hernández, continúan bendiciéndome y presentándome desafíos.

Jean Burch, mi bondadosa y eficiente (¡una combinación rara!) gerente que ha organizado la oficina y mi vida, orando con fidelidad mientras lo hacía.

Mi editora, Lynn Vanderzalm, es alguien que me anima tanto en lo profesional como en lo personal. Sus oraciones, trabajo cuidadoso y las perspectivas que expresa son muy valiosos para mí.

Bev Ingelse ha continuado sirviendo de intermediaria en mi relación con su computadora, con humor, gracia y eficiencia.

Ron, Josh y Dan, los tres hombres en mi vida, continúan demostrando su compromiso con la integridad y la gentileza. Estoy muy agradecida por el hogar que hemos hecho juntos.

Lo más importante, tengo el corazón lleno de agradecimiento por mi Redentor, quien no solo me ha redimido, sino que me ha bendecido con una muestra de su comunión y sus sufrimientos. Esa muestra ha sido infinitamente preciosa para mí.

Introducción

ESTE ES el segundo libro que escribo sobre los abusos sexuales. El primero, titulado *Counseling Survivors of Sexual Abuse* [Consejería para los sobrevivientes de abusos sexuales], se escribió desde el punto de vista del terapeuta. Analicé lo que es sentarse en la silla del terapeuta y lo que creo que este debe ser y hacer al escuchar a los sobrevivientes.

Este libro se ha escrito para quienes se sientan en la silla de los pacientes. Ya hace veinticinco años que estoy escuchando a sobrevivientes en la silla frente a mí, y he incluido en este libro muchas de las cosas que me han dicho, sentido y preguntado. En su mayor parte, mi trabajo como consejera ha sido con adultos que sobrevivieron los abusos sexuales cuando eran niños. Eso significa que veo a hombres y mujeres adultos que recibieron maltratos sexuales antes de llegar a los dieciocho años de edad. He visto a más mujeres que hombres, aunque he encontrado que más hombres vienen a mi consulta en años recientes.

Algunos de los que leerán este libro los violaron o abusaron de ellos sexualmente cuando eran adultos. Tal vez a usted lo violó una persona desconocida o alguien que ama. Aunque este libro no trata de manera específica sobre la violación, creo que ofrecerá esperanza y sanidad porque hay muchas cosas en común entre su experiencia y la de otros sobrevivientes que hablarán en estas páginas. Ya verá muchas similitudes en las descripciones de la experiencia, el daño que le hicieron a usted y la forma en que tiene que ocurrir la sanidad.

Sin importar cuál fuera su experiencia de abuso, no todo lo que se dice en este libro se ajustará a cada lector. Sin embargo, es mi esperanza que a medida que lea se

Diane Langberg

sienta que lo escuchan, cuidan, comprenden y enseñan. Lo más importante que anhelo es que cada uno encuentre esperanza en estas páginas. Sé con certeza que hay esperanza para la más oscura de las historias pues llegó la Luz del mundo. Su nombre es Jesús y Él trae vida donde hay muerte, perdona los pecados y sana a los destrozados y heridos. Es mi oración que lo encuentre en estas páginas.

Cayó un rayo,
Y donde cayó, destruyó,
Oscureció, y no hubo nada,
Nervios, receptores, neuronas,
Las células, los transmisores, los receptores
De sentimientos, de vida,
Así que una parte de mí, se va
Muere, la dejan
En oscuridad, cenizas.

Y ahora, con quietud, suavidad, amabilidad,
Persistencia, firmeza, sin cesar,
En silencio, percibo que estás obrando.
Algunas veces con calma, llego a ti, trabajando
Con lentitud, firmeza, constancia
En las cosas de adentro,
En la oscuridad, en la muerte, en la negra
Destrucción forjada adentro
Cuando el fuego atravesó mis entrañas,
Cuando las tinieblas pasaron por mis venas.
Así que aquí está él, en silencio, con persistencia, dentro
Arreglando los zarcillos, los receptores, las neuronas,
Las terminaciones nerviosas, conectando la vida,
las células de nuevo,
Atendiendo y conectando los receptores,
Rehaciendo el camino del curso de la vida
Que una vez se destruyó.
Algunas veces, al dar la vuelta a una esquina, llego a Él
Trabajando sin hacer ruidos,
Y Él siempre está allí, con firmeza,
En silencio, conectando de nuevo.

sirascol, 29 de enero de 1994
El Señor es bueno con los que esperan en Él

Diane Langberg

Primera parte:

Abordemos el problema de los abusos sexuales

LA MAYORÍA de las personas abordan los asuntos traumáticos con sentimientos encontrados. Sospecho que muchos de ustedes tienen dudas en cuanto a leer un libro sobre los abusos sexuales. Comprendo ese sentimiento.

La primera parte ayudará a orientarlo sobre el problema del abuso sexual, así como este libro en particular. Creo que encontrará que esta sección también le impartirá esperanza. Este libro no tiene la intención de abrumarlo con el pecado y el sufrimiento del abuso sexual. Más bien, en medio de ese pecado y sufrimiento, es mi oración que este libro le brinde esperanza a fin de recibir sanidad y transformación porque sabemos que llegó el Redentor.

1

Comienzo

El problema del abuso sexual es difícil. La mayoría de las personas no quieren pensar en esto ni leer de esto a menos que tengan una razón que los compela a hacerlo. Usted escogió un libro sobre este tema, así que supongo que algo lo impulsó a leerlo. Es probable que haya experimentado abuso sexual o que tenga a una persona cercana que lo ha experimentado.

Este libro se ha escrito para las víctimas de abusos sexuales. En un menor grado, también se ha escrito para quienes decidieron andar junto a los sobrevivientes y luchan por enfrentar su historia. He estado inmersa en el tema del abuso sexual por más de veinticinco años en mi trabajo de terapeuta. Cientos de hombres y mujeres con valor se han sentado frente de mí, luchando por encontrar las palabras para contarme lo que a menudo nunca antes han expresado en voz alta. Han venido buscando esperanza y sanidad. Me han traído sus preguntas, su dolor, su furia y su temor.

Cambiar todo eso por esperanza y sanidad nunca es fácil. A menudo es una labor dura y costosa. Sin embargo, es un intercambio que traerá vida a todos los que perseveran. Espero que las páginas de este libro le alienten en su propia batalla con la oscuridad, le den esperanza sabiendo que llegó el Dador de la Luz y le presenten una medida mayor de su poder redentor en su vida.

En estas páginas encontrará un coro de voces. La primera, por supuesto, será la mía. Mi voz es la de una persona que ha escuchado con atención durante muchos años. Es la voz de alguien que se preocupa desde lo más profundo por los estragos causados por la maldad del abuso sexual. Es la voz de alguien que sabe algo en cuanto a las mentiras que el abuso inculca y que quiere usar estas páginas para decirle la verdad una vez tras otra. Es también la voz de alguien que conoce al Redentor y que ha tenido el privilegio de tener lo que llamo un asiento en la primera fila de su trabajo de redención en las vidas de muchos.

La segunda voz que va a oír a menudo en estas páginas es la de los sobrevivientes. Elie Wiesel, sobreviviente del Holocausto, ha dicho que nadie que no haya estado allí puede entenderlo de verdad. Yo no estuve allí, y reconozco que no sé por experiencia lo que es ese maltrato. Solo he estado allí como testigo del testimonio de otros. Sin embargo, ellos han estado allí y creo que es importante dejar que escuche sus voces. Este libro, entonces, brinda un lugar en el que hablan los propios sobrevivientes. Estos son hombres y mujeres que conozco y a quienes amo. Son hombres y mujeres que gozan de mi más profundo respeto. Descubrirá que muchos de ellos le ayudarán a encontrar palabras para lo inexplicable. También le darán esperanza, una esperanza real. Conocen la profundidad de la oscuridad. Han experimentado el temor. En diferentes grados han visto la luz del amanecer. Escuche a estas personas. Conocen el camino.

Si es un sobreviviente, creo que la tercera voz que oirá es la suya. El sonido de su voz tal vez le parezca extraño al principio, pues el abuso sexual a menudo tiene el efecto de silenciar a sus víctimas. Confío que al leer este libro encuentre ayuda a fin de expresar lo que no ha tenido palabras para decir y que, como resultado, su propia voz se añada a las de quienes se incluyeron en este libro.

La cuarta voz que va a escuchar en este libro es la del Redentor. Algunos temen que Él no exista. Al menos, no es así para usted. Algunos siguen sin querer conocerlo.

En el umbral de la esperanza

Confiar en alguien, tal vez de manera especial en un poderoso Redentor, es algo inimaginable para usted. Algunos añoran escuchar su voz y se desesperan por saber que Él les habla. Aquí está a quien se le ha llamado Varón de dolores y obra aun en medio de sus tinieblas. Ya sea que lo conozca o no, ya sea que crea en Él o no, Dios, a través de Jesucristo, es el que trae luz a la oscuridad, esperanza en vez de desesperación. Es quien logra reconstruir las ruinas antiguas, y restaurar los escombros de antaño, y reparar los escombros de muchas generaciones (Isaías 61:4). Cualquiera que sea su historia, no hay oscuridad que Él no logre expulsar, no hay profundidad que no sea capaz de sondear, no existe ninguna devastación que no pueda redimir. Yo lo sé porque lo he visto hacerlo.

Y a medida que interactúa con este coro de voces, confío en que llegue a saber que no está solo, que algunas otras personas, hasta cierto punto, han caminado por su mismo sendero. Espero que se sienta comprendido y que presienta que hay otros que han llegado a donde estuvo usted y a lo que quizá le queda por delante. El propósito de este libro es asegurarle que la oscuridad y el sufrimiento que ha experimentado son reales. También tiene la intención de asegurarle que hay un camino para salir de la oscuridad y que quienes lo transitaron antes quieren prestar sus voces para animarlo. Es mi oración que este libro lo aliente a verse a sí mismo «en el umbral de la esperanza».

2

En el umbral

Quiero contarle una historia. Es una historia horrible, pero en realidad casi todas las que se refieren al abuso son terribles. Es una historia verídica. Hay algo que tal vez lo sorprenda y es que está en la Biblia. La mayoría de los sobrevivientes, encuentro yo, no creen que las Escrituras tengan mucho que decir en cuanto al abuso. Muchos se sorprenden al ver cómo esta historia capta su experiencia.

Esta historia tiene lugar entre los israelitas, después de la muerte de Josué y antes que los israelitas tuvieran sus propios reyes. Los jueces gobernaban a los israelitas de manera periódica, pero en el tiempo que trascurría entre la muerte de un juez y el nombramiento del siguiente, nadie tenía el control. El resultado era el caos y la anarquía. Esta historia ocurrió durante uno de esos períodos. (Véase Jueces 19).

Esta historia también sucede dentro de las fronteras de la tribu de Benjamín. Esta era la tribu que Moisés bendijo diciendo: «Que el amado del Señor repose seguro en él, porque lo protege todo el día y descansa tranquilo entre sus hombros» (Deuteronomio 33:12). Es irónico que el abuso ocurriera dentro de la tribu que debía experimentar la seguridad y el refugio que se encuentran en Dios mismo. Al igual que el abuso que se presenta en muchas familias, estos hechos sucedieron en lo que debió ser el lugar de mayor seguridad. El lugar que debió ofrecer seguridad y estabilidad fue en cambio un lugar de abuso y muerte.

Un levita, un hombre de la tribu sacerdotal, tomó una concubina. Eso solo quiere decir que vivió con una mujer sin haberse casado con ella. En esencia, ella tenía todas las obligaciones de una esposa, pero sin ningún privilegio. En un determinado momento, esta mujer le fue infiel al levita, se enojó, lo dejó y volvió a la casa de su padre. Cuatro meses después, el levita decidió ir a la casa de la mujer y traerla de nuevo a su casa. Después que estuvo en la casa del padre durante varios días, el levita decidió que él y la mujer debían ponerse de camino. Dejaron la casa del padre bastante tarde ese día, viajando solo hasta la ciudad de Jebús cuando comenzó a oscurecer. El campo era peligroso durante la noche y el levita no quería quedarse en Jebús porque no se sentiría seguro en una ciudad donde no vivía ningún israelita. El levita y su concubina continuaron el camino hasta que llegaron a la siguiente ciudad benjaminita llamada Guibeá. Se sentaron en la plaza durante algún tiempo hasta que un anciano les ofreció alojamiento.

Después que el anciano les dio de comer a los viajeros, algunos hombres de la ciudad llegaron y golpearon a su puerta, demandando tener relaciones sexuales con el levita. El anciano consideraba que era malo entregar a su huésped, el levita, a esos hombres, así que sugirió en cambio darles a su propia hija que era virgen y a la concubina del levita. Sin embargo, como los hombres no dejaban de gritar, el levita mismo tomó a su concubina y la echó a la calle. Los hombres de la tribu de Benjamín violaron y ultrajaron a la mujer toda la noche.

De madrugada, cuando los hombres dejaron ir a la concubina, ella se arrastró hasta que llegó a la casa donde estaba el levita y se desplomó en la entrada. Durante esas horas tempranas de la madrugada, murió, tendida a la entrada de la casa con su mano en el umbral. Cuando el levita abrió la puerta y la encontró tendida allí, solo dijo: «¡Levántate, vámonos!».

¡Qué historia tan escalofriante! Estoy segura de que muchos de ustedes se identifican con algunos o todos sus componentes. Varios de ustedes saben lo que es ser víctima de abuso en el lugar que debía ser una demostración de la seguridad y el refugio que se encuentra en Dios. Ya sabe lo que significa que quienes lo debían proteger lo entregaran para salvarse a sí mismos. El levita era un miembro de la tribu que se separó para ofrecer sacrificios a Dios por el pueblo. En cambio, ofreció a esta mujer como un sacrificio por sí mismo.

Muchos saben lo que es ser violado por una pandilla toda la noche. Saben lo que es pensar que la noche nunca va a terminar, que nunca llegará la mañana. Otros saben lo que es arrastrar un cuerpo golpeado y maltratado a algún lugar, esperando contra toda posibilidad encontrar seguridad y cuidado. También han experimentado el momento cuando saben que nadie va a venir a ayudarlos. Otros han escuchado abrirse la puerta y la respuesta: «¡Levántate, vámonos!», o «Deja el pasado atrás». Muchos, estoy segura, han experimentado una «muerte en el umbral». Su esperanza ha muerto. Ha muerto todo sentimiento de que los amen o de estar seguros. Y aunque su cuerpo físico no ha muerto, tal vez sientan que han muerto en su interior.

Anhelo que este libro, y las voces que contiene, cambien el cuadro en el umbral. Es mi deseo que usted, que no se ha rendido, aunque está muerto por dentro, escuche en estas páginas el sonido de la puerta que se abre. Las voces en la puerta no le dirán «Vámonos». En cambio, le dirán: «Déjame ayudarte. Hay esperanza. Lo sé. Yo he estado en ese umbral».

Los sobrevivientes cuyas voces escuchará en este libro saben que usted no se puede levantar. Saben lo que es estar muriendo en el umbral. Es mi oración que la comprensión y el consuelo que escuchará en estas páginas comiencen a transformar el umbral de muerte en un umbral de esperanza.

3

Cómo cuida de sí mismo a medida que lee

Si ha sido víctima de abusos sexuales, leer este libro lo atraerá y lo disgustará. Se sentirá atraído porque quizá bulla alguna esperanza en algún rincón oculto. Tal vez exista alguien que lo entienda. Tal vez exista ayuda. Tal vez haya un camino que lo saque del pozo. Se disgustará porque tiene miedo, pues la esperanza es peligrosa. Lo han aplastado tantas veces que no se atreve a dejar que enciendan de nuevo la llama. Y el solo pensamiento de leer sobre el abuso sexual quizá sea aterrador. Usa una enorme cantidad de energía tratando de olvidar, de mantenerlo alejado, fingiendo que no ha ocurrido. Cualquier conversación sobre el asunto destruirá con facilidad sus frágiles defensas que lo protegen de los recuerdos que trata de dejar atrás. Sabiendo que esto es cierto, me gustaría ofrecer algunas sugerencias en cuanto a cómo leer este libro.

Cuando los sobrevivientes vienen a verme en mi oficina, una de las cosas que tratamos de establecer es cómo se van a cuidar durante el proceso de consejería. Tratar con una historia de abuso puede ser abrumador y aun destructor si no se hace con cuidado. Las historias deben verse poco a poco. Los sentimientos tienen que expresarse y manejarse con lentitud. Es posible que los recuerdos causen confusión, temor e incapacidad para actuar si no se tratan con cuidado. Es probable que escuchar hablar a otros sobrevivientes y considerar su propia historia a medida que lee este libro le abrume enseguida y le haga difícil la vida. ¿Cuáles son algunas formas en que se puede proteger a medida que lee?

En primer lugar, no lea de noche. Gran parte del abuso ha ocurrido bajo la cubierta de la oscuridad. A muchos sobrevivientes les resulta difícil sentirse seguros de noche. Leer un libro que va a despertar recuerdos es trabajar contra uno mismo. Así que, de ser posible, lea este libro durante el día, fuera de su casa y al sol. Le hará más fácil recordar que «eso fue entonces y esto es ahora».

En segundo lugar, lea una parte corta cada vez. Los capítulos son breves para ayudarle a leer de esta forma. Sin embargo, le insto a que deje de leer cada vez que tenga una reacción a lo que lee. El abuso silencia a las personas. Quiero brindarle la oportunidad de encontrar su voz y de ejercitarla. Si tiene un sentimiento, un pensamiento o un recuerdo en respuesta a lo que lee, deje de leer y concédase la oportunidad de hablar y de procesar. Tal vez le ayudaría escribir sus respuestas en un cuaderno a medida que lee este libro o puede escribirlas en los márgenes de este libro.

En tercer lugar, deje de leer cuando sienta que ha tenido suficiente. Muchos saben lo que es no prestar atención a esas señales y conducirse a sí mismos para terminar o resistir, sin importar lo que pase. Cuando abusaban de usted, no tuvo la oportunidad de decir: «No, no puedo hacer esto», ni «¡Deténgase!», ni «Esto es demasiado», y que lo escucharan. No obstante, aquí puede decir esas cosas. Si se siente abrumado, deténgase. Si tiene miedo, pare y descifre por qué. No se obligue a terminar un capítulo solo porque continúa el material. En las sesiones de consejería cuando una persona me dice: «¡Suficiente!», o «¿Podemos hablar de otra cosa por unos momentos?», encuentro que es de suma importancia ayudar a la persona a hacer eso. Usted puede hacer lo mismo a medida que lee.

En cuarto lugar, como mencioné antes, escriba sus pensamientos a medida que lea. Escriba en los márgenes de este libro. Escriba las respuestas a lo que lee. Cuente su historia. Luche con sus sentimientos, pensamientos y preguntas en el papel. Si no se siente cómodo escribiendo sus pensamientos, use una grabadora y hable sobre sus pensamientos y sentimientos. Repito, el que usted era así como lo que pensaba y sentía fueron irrelevantes para el abusador cuando lo maltrataba. Sin embargo, esto no es así ahora. Hable, responda, formule preguntas. Más adelante haré algunas sugerencias más sobre cómo hacer esto.

En quinto lugar, la mejor manera de enfrentar el abuso es en el contexto de una relación segura. Si es posible, busque a alguien que esté disponible mientras lee este libro. Un consejero que tenga experiencia en la esfera de ayudar a los sobrevivientes sería ideal. Un pastor, un mentor o una persona digna de confianza, segura y no de tipo dictador en cuanto a cómo debe pensar o sentir, también sería de ayuda. Escoja a la persona con cuidado y sabiduría. Si trabaja con alguien que sabe poco en cuanto al problema del abuso sexual, pídale a la persona que lea este libro y otros de la lista de libros sugeridos antes de proceder.

En sexto lugar, haga planes cuidadosos en cuanto a cuidarse a sí mismo a medida que avanza. Caminar u otro ejercicio aeróbico es a menudo de ayuda para los sobrevivientes que se sienten abrumados o agitados. Muchos encuentran gran solaz en la música. Las distracciones en la forma de películas, lecturas amenas, trabajos en el jardín o en algo manual pueden ser muy beneficiosas. La meta de esta clase de actividad es doble. No quiero que caiga en mecanismos destructivos de lidiar con la situación como el alcohol, las drogas, el comer en exceso o el causarse heridas a sí mismo. También quiero que encuentre formas de impedir que su vida se reduzca al abuso y a su dolor. Tanto como sea posible, necesita lapsos en los cuales distraerse y es posible que se restaure.

Por último, leer este libro va a ser doloroso. No va a querer seguir leyendo. La sanidad es a veces un proceso penoso. Se dirá a sí mismo que esto es tonto, que a algo que sucedió hace tanto tiempo no debe dársele tanta importancia. Se dirá que lo ha inventado. Se reprenderá diciéndose «contrólate». Correrá lo más lejos posible, disminuirá, negará e intentará pasar por alto el abuso y sus secuelas posteriores. Se sentirá confundido, con miedo, enojo y triste. Y todo esto indica que es una persona normal.

Le presento la esperanza de la sanidad. Sé que es una realidad porque la he visto ocurrir en muchísimas vidas. También sé que a veces es una lucha dura y extenuante. Muchos sobrevivientes se sienten peor antes de sentirse mejor. A medida que desarma los mecanismos de lucha que construyó a fin de resolver el abuso, se sentirá vulnerable y fuera de control. No obstante, si persevera, verá cambios, aunque puede tomar años. Al igual que la nación de Israel, usted que ha visto una gran oscuridad verá una gran luz. Será pequeña al principio, tal vez un simple parpadeo, pero los que viven en la tierra de las sombras de muerte verán que una luz comienza a resplandecer (Isaías 9:2).

4

Usted es un sobreviviente

Habrá notado en este libro que me refiero a quienes fueron víctimas del abuso sexual como *sobrevivientes*. Escogí esta palabra a propósito, y la razón de ello es crucial para entender el impacto del abuso sexual y el proceso de sanidad.

Nuestra palabra sobrevivir viene de la palabra latina *supervivere*. Literalmente significa «vivir más allá o después de». *Sobrevivir* significa mantenerse vivo a pesar de las probabilidades en contra. Sugiere la capacidad de resistir. Un sobreviviente, entonces, es una persona que ha experimentado algo extraordinario y que, sin embargo, se las arregla para seguir adelante. Usamos la palabra *sobrevivientes* cuando nos referimos a las personas que resistieron los campos de concentración nazis. La usamos cuando hablamos de personas que han pasado por un desastre natural tal como una inundación o un tifón. La usamos para describir a quienes han resistido acontecimientos que les cambiaron la vida o que se las han hecho pedazos. Sin duda que la violación o el asalto sexual a un niño caen en esa categoría. La violación o el abuso sexual de cualquier ser humano hacen pedazos la vida.

EL ABUSO SEXUAL ALTERA LOS MUNDOS DE LAS PERSONAS

Cuando las personas son víctimas de abuso sexual, sus vidas cambian, quedan destrozadas. Jamás volverán a ser iguales. Una mujer violada cuando era pequeña dice: «Mi cómoda niñez en los suburbios se destrozó cuando solo tenía ocho años. Un día era una niña de tercer grado feliz, vivaz, confiada, sociable, y al día siguiente era diferente. Aunque no lo comprendí del todo en aquel tiempo, mi vida nunca sería igual de nuevo».

Otra sobreviviente describe cómo cambió su vida por causa del abuso. «Cuando sentía miedo, corría a mi padre para encontrar seguridad. Anhelaba un lugar de seguridad cuando sentía miedo. Él me tomaba en sus brazos y me decía que todo iba a estar bien; *pero entonces todo cambió*. En lugar de refugiarme y protegerme de mi temor, mi padre se aprovechó de mi vulnerabilidad y comenzó a usar mi cuerpo para su placer sexual. Pedí ayuda y consuelo... y encontré abuso».

Un tercer sobreviviente expresa cómo su mundo se alteró por el abuso. «Cuando estaba en la secundaria, trabajaba después de las clases a fin de ganar dinero para mis gastos. Me gustaba mucho mi trabajo y también me gustaba mi jefe. Todo el mundo en ese lugar confiaba en ese hombre y lo respetaba, y yo me di cuenta de que quería estar a su lado para ser como él. Ese hombre era muy diferente a mi padre. Entonces, un día, abusó de mí y me violó. ¡Me sentía destrozado! ¿Cómo me hizo esto alguien en quien había confiado?»

En momentos como esos uno se transforma en sobreviviente. La persona pasa de vivir a vivir a pesar de todo. La persona va de la espontaneidad a la resistencia, de la despreocupación a la vigilancia, de la confianza a la protección propia. Las personas que continúan en situaciones imprevisibles e inseguras de abuso sexual crónico deben hacer uso de tremendas reservas de valor, resistencia y fuerza a fin de seguir adelante.

El abuso altera en particular la vida de los niños pequeños. No se dan cuenta de que el abuso llega a ser el hecho sobre el cual gira su vida. No tienen forma de darse cuenta de lo diferente que sería su vida si no los hubieran maltratado. Muchas víctimas de abuso sexual en la niñez luchan por sobrevivir solos por completo. Los niños hacen una de estas dos cosas: no se lo dicen a nadie o le dicen a alguien y la respuesta no los ayuda o los daña. El resultado es que esos niños deben desarrollar capacidades extraordinarias con el propósito de seguir adelante. Los niños víctimas de abusos son increíblemente ingeniosos. Deben sacar fuerzas de profundas fuentes de valor, resistencia, creatividad, fortaleza y determinación.

Respeto mucho a los sobrevivientes que he conocido a través de los años. Las características que han desarrollado para vivir contra las probabilidades les van a ser muy útiles cuando decidan embarcarse en el proceso de la sanidad.

¿Y qué diremos de usted? ¿De qué forma se alteró su mundo debido al abuso que sufrió? ¿Qué características se han desarrollado en usted como resultado de su lucha por sobrevivir? ¿Qué lo mantiene perseverando cuando quiere rendirse?

EL ABUSO SEXUAL MOLDEA LA VIDA DE LAS PERSONAS

Por un lado, ser un sobreviviente es elevarse por encima de la dificultad, seguir adelante a pesar del dolor, desafiar las probabilidades. Por otro lado, significa vivir una vida que una atrocidad afectó en lo más hondo. Desarrolla ciertos modelos de pensamiento para vivir con el abuso. Crea mecanismos de defensa a fin de manejar el horror de la situación. El abuso le da forma a su vida y el resultado es una vida llevada en reacción, protección y resistencia al horror que quisiera olvidar.

El hecho de que sea un sobreviviente es algo digno de encomio. Ha logrado lo que parecía imposible. Ha sobrevivido lo que parecía inaguantable, insoportable. Mantenga la cabeza en alto.

Además, el hecho de que sea un sobreviviente significa que a menos que enfrente el horror del abuso, sus mentiras resultantes y las estrategias para vivir, su vida continuará siendo dirigida por lo que más teme y odia. Una vez que resistió lo irresistible es capaz de hacer lo que parece imposible. Logra enfrentar la oscuridad, las tinieblas del abuso, la desesperación que produjo, y observar la luz que resplandece poco a poco en lugares que jamás quiso volver a visitar.

Dios quiere traerle alivio y redimirlo de esta oscuridad. En Isaías, capítulo 40, Él mismo dice: «Consuelen, consuelen a mi pueblo [...] Hablen con cariño [...] anúncienle que ya ha cumplido su tiempo de servicio». A través de este libro quisiera ser una voz de consuelo y esperanza para usted. Es un consuelo y una esperanza que puedo ofrecer con certeza porque conozco al Dios de todo consuelo. Cualquiera que sea su historia, cualquiera que sea la forma en que se las ha arreglado para sobrevivir, sea lo que sea que le hayan hecho o usted haya hecho, Él le libró, lo librará y lo seguirá liberando (2 Corintios 1:10). Dios lo *ha* librado, ¿cómo cree que ha sobrevivido lo que no se puede sobrevivir? ¿Quién le dio las cualidades que lo capacitaron para resistir? Él *continuará liberándolo*... y juntos vamos a encontrar maneras de salir de los enredos del abuso, la libertad de los tentáculos que todavía lo tienen aprisionado. Lo *continuará* liberando... la promesa es que Él terminará la obra que comenzó en usted.

Escuche la voz de una sobreviviente que escribe a otros: «Como alguien que ha comenzado el camino hacia la sanidad, quiero hablarle y ayudarle. Quiero ofrecerle una mano de esperanza y amor y recordarle que tiene cualidades que le han capacitado para resistir. Usted es valiente y ha enfrentado una dolorosa historia. Su valor le ayudará a medida que entra en nuevos caminos de pensamiento y de vida. Usted es fuerte y ha sobrevivido una batalla contra su espíritu. La sanidad requiere mucha resistencia y necesitará usar esa cualidad una y otra vez cuando se sienta extenuado. Usted es una persona creativa. Ha aprendido maneras de lidiar con el abuso y tal vez ha aprendido a manipular a la persona que abusaba de usted a fin de obtener un respiro del abuso. Ahora su creatividad le proveerá nuevas maneras de procesar, evaluar y pensar. El trabajo que escogió tomará tiempo y perseverancia. Sin embargo, ya ha probado ser una persona que resiste. Que el Señor Jesús, nuestro Salvador, esté con usted mientras lucha, fracasa y triunfa. Recuerde que el Rescate ya se llevó a cabo en el Calvario, y que a medida que avanza va a recibir muestras de la sanidad que vendrá».

5

La historia de una mujer

Creo que sería bueno contarle la historia de la experiencia de una mujer víctima de abuso sexual. Considero que esto servirá de ayuda porque encuentro que muchos sobrevivientes pueden ver y entender más de la experiencia del abuso sexual y sus consecuencias cuando escuchan de labios de alguien que lo vivió. Se sienten ofendidos al oír lo que pasó en otra vida. Cuando es su propia experiencia, a menudo la catalogan como «que no es nada del otro mundo». De algún modo no creo que vaya a decir que la experiencia de esta mujer no fue «tan importante».

Esta es una historia verídica. La escogí por varias razones que consideraremos más adelante. Se trata de la violación de una joven adolescente, de unos quince años de edad, perpetrada por su hermano mayor. Creo que tiene mucho que decirnos.

El padre de Aarón y de Tania es un hombre muy rico que conoce y ama a Dios. Aarón, el hijo mayor de ese hombre, es el que va a tomar las riendas del negocio de su padre. Aunque Aarón y Tania tienen el mismo padre, no tienen la misma madre. El otro hermano de Tania, que es hijo de su propia madre y padre, que se llama Adán, también vive con la familia y se preocupa y protege mucho a Tania.

A medida que Aarón ve a su media hermana crecer, se enamora de ella y se permite soñar fantasías sobre ella. Al pasar el tiempo, se vuelve tan obsesivo con su hermana que no logra pensar en otra cosa. La lujuria de Aarón por Tania se vuelve tan intensa, que literalmente lo enferma.

Cuando Juan, el primo de Aarón le pregunta qué le pasa, él le cuenta sobre su obsesión por Tania. Comprendiendo el gran poder de las hormonas, Juan ayuda a Aarón a planear una manera de conseguir lo que quiere de Tania.

Un día Aarón finge estar demasiado enfermo como para salir de la cama o comer. El padre de Aarón, al enterarse del estado de su hijo, lo va a ver para tratar de ayudarlo. Aarón le dice a su padre que tal vez podría comer un poquito si Tania le trajera un pedazo del pan especial que hornea. El padre cree que esta es una solución sencilla y le pide a Tania que hornee pan y se lo lleve a su hermano enfermo.

Tania, contenta con ayudar a Aarón, va a verlo sin temor ni ninguna sospecha. Una vez que entra al cuarto y están solos, Aarón deja de lado cualquier fingimiento de enfermedad o interés en el pan de Tania. Toma el pan y lo tira al otro lado del cuarto. Tania tiene miedo y está confundida. Aarón toma a Tania y trata de forzarla a que tenga relaciones sexuales con él. Tania le ruega que no la obligue. Le recuerda que el padre se horrorizaría si supiera lo que hace Aarón. Le pide que no la viole. Le advierte que la gente va a perder el respeto que le tiene si él cede a sus pasiones.

Cegado por el enojo y la lujuria, Aarón no oye nada de lo que le dice Tania. Sus palabras no tienen ningún significado para él. Usando su fuerza bruta, Aarón fuerza a Tania y la viola. En cuanto termina, se torna furioso. Actúa como si odiara verla, haciéndola sentir como que tiene de alguna forma la culpa. Le grita que se levante y que se vaya. De nuevo, Tania le suplica diciéndole que arrojarla de su lado como si fuera basura después de lo que hizo es tan malo o peor que la violación. ¿Cómo la va a arrojar de esa forma y hacer ver que le hizo algo vil? ¿Cómo se convirtió esto en culpa de ella? Aarón se niega a escuchar. Arroja a Tania de su cuarto, dando un fuerte portazo y

En el umbral de la esperanza

cerrando la puerta con llave a fin de que todos en la casa sepan que sucedió algo horrible. Tania sabe que imaginarán que hizo algo malo por la forma en que Aarón la arrojó de su cuarto.

Tania casi no puede pensar. El corazón le late con fuerza. Acaban de destrozar su vida. Siente un miedo horrible. Sale del cuarto, dando un grito de dolor y arrancándose la ropa. Siente que su cuerpo no puede contener sus sentimientos; son muy abrumadores.

Desesperada para que la ayuden, se dirige a su hermano Adán. Sin duda, su lealtad le ayudará a encontrar una forma de lidiar con esto. Cuando Adán se entera de lo que pasó, le dice a Tania: «No se lo digas a nadie. Nuestra familia jamás se recobrará del daño que esta información va a causar. No te preocupes. No dejes que te altere». Se queda pasmada. ¿Qué no lo diga? ¿Qué no tenga ningún sentimiento en cuanto a esto? ¿Está loco? Tania siente que no tiene a dónde ir. ¿Y qué si va a su papá? Él la ayudará.

Cuando el padre de Tania escucha lo que pasó, se enfurece. Su reacción le da a Tania esperanza. Su padre nunca parece dudar de la veracidad de la historia de la joven. Parece que sabe que Aarón es capaz de una cosa semejante. Sin embargo, aunque su padre muestra mucho enojo, no hace nada. Nada.

La pasividad de su padre destruye la esperanza de Tania. De alguna forma, la protección de su hijo mayor y la reputación de la familia le parecen más importantes al padre que tratar con el comportamiento horroroso de su hijo o con los sentimientos de su hija. Su padre actúa como si nada hubiera pasado.

Tania sabe que está perdida y sola. A nadie le importa lo que pasó. A nadie le importa ella. Lo que Aarón le hizo no le importa a nadie.

Diane Langberg

Tania vive el resto de su vida a la sombra de esa violación. Se vuelve insensible a sus sentimientos, casi como un cadáver que camina. No parece tener voluntad para vivir. Se desgasta físicamente. Su belleza y su cuerpo ya no tienen importancia. Aprende a odiarse a sí misma y comienza a autodestruirse. Su dolor es más de lo que puede soportar.

La historia de Tania es similar a la de algunos de ustedes. Aunque era mayor y «solo» la violaron una vez, su experiencia tiene muchos elementos similares a otras. La obligaron. No tuvo elección. La engañaron. En un lugar y en una relación que debería haberle provisto seguridad, estuvo en un peligro muy grande. Le silenciaron la voz. Sus palabras y sus sentimientos no tuvieron impacto alguno. Tania fue incapaz de detener la violación y los hechos que pasaron en respuesta a eso. Lo que necesitaba o quería no importaba.

Más tarde la culparon y humillaron. Quienes debieron ser su ayuda la dejaron sola. Le dijeron que no hablara sobre eso. Le dijeron que no permitiera que eso la molestara. En esencia, el mensaje era: No tengas ningún sentimiento sobre eso. Solo continúa con tu vida. No hubo consecuencias para su violador. Su padre, un hombre devoto, no hizo nada. Pasó por alto el crimen de su hijo como si hubiera sido algo de pocas consecuencias. Por lo que se deduce, parece que para su padre las apariencias, la reputación y las esperanzas de su padre por el futuro de su negocio significaban más que ella.

La respuesta de Tania fue de vergüenza y humillación. Estaba aturdida por lo pasado. Estaba paralizada en lo emocional. Básicamente no hacía nada debido a su estupor. Se consumió. La vida ya no tenía nada para ella. El mundo era un lugar inseguro. Perdió el gozo. Se volvió autodestructiva. ¿Por qué no? De todos modos, a nadie le importaba.

En el umbral de la esperanza

Los que han experimentado el abuso sexual pueden, estoy segura, identificarse con muchos elementos de esta historia. Ya conocen esos sentimientos. Saben lo que es que otras personas los violen. Saben lo que es que las personas que los violaron los culpen y los traten como basura. Saben muy bien lo que es ser silenciado, que les digan que no destruyan la reputación de alguien. Saben lo que es estar paralizado. Muchos conocen la experiencia de volverse autodestructivos. Tania se convirtió en una mujer desconsolada, solitaria, abandonada por sus amigos y sin esperanza.

A medida que lee esta historia, lo más probable es que sienta enojo. Enojo con el hermano que la engañó y que con tanta astucia destruyó su joven vida. Enojo con el primo que ayudó a fin de que Aarón la violara. Enojo por la estupidez de su padre que no salió en defensa de su hija. Enojo con el padre que se preocupó más por sus planes que por el bienestar de su hija. Enojo con el hermano que le dijo que no hablara y que no se disgustara. Enojo de que una vida se usara así y luego la echaran a un lado de esa manera. ¿Qué habría llegado a ser ella? ¿Cómo pudo haber sido su vida? ¿Qué fue lo que se perdió para ella y para el resto del mundo porque la destruyeron de manera tan real?

Si en realidad capta el horror de lo que se le hizo a Tania, así como las profundas consecuencias que tuvo en su vida, tiene una vislumbre de lo que puede hacer el abuso sexual. Si estos son los resultados de la violación de una jovencita de quince años de edad, ¿cómo vamos a esperar algo diferente en la vida de alguien que violan en forma continua durante los años de su crianza?

¿Por qué elegí esta historia? Una razón ya es evidente. Esta historia en particular lleva en sí varios hilos comunes a muchas de las varias experiencias de abuso sexual. Eso la hace una historia con la cual muchos se identifican. Espero que, al igual que los comentarios de los sobrevivientes a través de este libro, esta historia les ayude a muchos de ustedes a no sentirse tan solos.

También me pareció importante escoger una historia verídica. Esta no es una historia formada por pedazos de muchas historias. Es la historia verídica de una mujer. Sucedió tal como se las relaté aquí. Esto no fue algo que pudo haber sucedido. No les relato la forma en que la persona se podría haber sentido. Esto es lo que *pasó*.

Por último, elegí esta historia por el lugar en que la escuché. Cuando me la relataron, no entendí en realidad todo el contenido que abarcaba. Como con cualquier historia, su profundidad no fue aparente de inmediato. Cuando hago consejería, encuentro muchas veces que una palabra o una simple frase contienen un mundo de información si escucho con atención. Si no lo hago, pierdo mucho.

Cuando escuché esta historia por primera vez, no la escuché con atención. Capté todos los hechos, pero fallé en cuanto a escuchar y aprender de las experiencias de las personas involucradas. Solo después de escucharla varias veces y de escuchar con suma atención, comencé a captar lo que era ser como Tania. Fue entonces que me di cuenta del caudal de información que contenía la historia de Tania y yo quise traer algo de ese caudal a ustedes.

Como ven, la historia de Tania es en realidad la historia de una mujer llamada Tamar. Su historia se encuentra en el Antiguo Testamento, en 2 Samuel 13:1-22. A Tamar la violó su hermanastro Amnón, quien al parecer era el heredero al trono del rey David. Su hermano Absalón fue el que le dijo que se calmara y no dijera nada. Absalón odiaba a Amnón y más tarde lo asesinó. El rey David hizo mal al no castigar a Amnón y a Absalón.

En el umbral de la esperanza

La violación de Tamar perpetrada por Amnón fue una absoluta infracción a la ley del Antiguo Testamento (Levítico 18:9-11; 20:17). Lo que Amnón hizo fue desobedecer en forma deliberada y desafiante a Dios. Esa misma ley demandaba la muerte como sentencia. Al fracasar en hacer que su hijo enfrentara la responsabilidad, también el rey David desobedeció. El resultado de todo esto en la vida de Tamar fue que «desolada, Tamar se quedó a vivir en la casa de su hermano Absalón» (2 Samuel 13:20).

Qué importante es que escuchemos esta historia que Dios colocó en su Palabra. Con qué claridad nos enseña los efectos que siguen al abuso sexual. No solo la Palabra de Dios deja claro que el abuso sexual es contra Dios, también presenta lo que los resultados de tal pecado pueden ser en la vida de una joven.

Sin embargo, para nosotros la historia no termina allí. La Palabra de Dios contiene verdades que Tamar jamás tuvo el privilegio de escuchar. El mismo Dios que nos dio esta historia dice: «Aunque fuiste abandonada y aborrecida [qué descripción de la desolación] [...] haré de ti el orgullo eterno y la alegría de todas las generaciones» (Isaías 60:15). *Este* Dios envió al Redentor, quien dijo que vino a «sanar a los corazones heridos, a proclamar libertad a los prisioneros» (Isaías 61:1). *Este* Dios responde al clamor de los oprimidos enviándoles «un salvador y un defensor [o Campeón]» (Isaías 19:20). ¡Cuánto necesitaba Tamar escuchar estas palabras! ¡Cuánto necesitaba ese Campeón, ese Defensor!

Deje que esta historia de la Palabra de Dios ratifique su experiencia. Dios sabe lo que hace el abuso sexual. Lo odia. Lo odia tanto que envió a Jesús a fin de que cargara en su cuerpo consecuencias muy similares a las que experimentó Tamar. Y al hacerlo, Dios ofrece redención y sanidad a todos.

Segunda parte

Tratemos el abuso

EN LOS siguientes capítulos vamos a analizar lo que significa para usted contar su historia, para algunos de ustedes tal vez por primera vez, y hablaremos sobre lo que pasa después que cuenta su historia. Examinaremos las definiciones de algunos términos que le ayudarán a entender lo que le pasó y también el impacto del trauma en su vida. Luego exploraremos algunas de las singulares dinámicas del abuso sexual en la niñez y varias características de las familias en las que ocurre el abuso. Por último, miraremos la realidad que se encuentra detrás del abuso sexual: que el enemigo de nuestras almas es el origen del abuso sexual y que Dios le envió un Defensor y un Redentor.

6

Contemos su historia

Me imagino que pensó y sintió muchas cosas mientras leía la historia en el capítulo anterior. Es probable que hubiera partes particulares de la historia con las que se identificó más porque le recordaron momentos de su propia historia. También presiento que muchos de ustedes nunca antes han contado su historia y los animo a que se tomen el tiempo para hacerlo ahora.

Les daré algunas sugerencias antes de comenzar. Cuando les pido a las personas que me vienen a ver a mi consultorio que cuenten su historia, primero tratamos de entender maneras de pensar en cuanto a qué decir y a hacerlo sin peligro. Esto es aun más importante para quienes nunca han hablado ni aun pensado en su propia historia.

En primer lugar, necesita pensar en un lugar seguro en el cual escribir su historia. ¿Sería mejor que lo hiciera en su casa o en un restaurante? ¿Debería haber alguien a su lado o preferiría estar solo? Si la escribe en su hogar, ¿debería tener el televisor encendido o escuchar música a fin de distraerse de vez en cuando?

Muchos sobrevivientes no están acostumbrados a pensar en lo que prefieren o en lo que les resulta cómodo. O piensan que hacen mucho de la nada o que solo no saben las respuestas. Aun si no tiene idea de cómo contestar esas preguntas, me gustaría que tratara de hacerlo. Si es necesario, haga conjeturas. La razón es que ahora estamos tratando de comenzar patrones nuevos. Uno de ellos es aprender a escuchar su propia voz cuando articula lo que prefiere, lo que teme, lo que alivia esos temores. El abuso nos silencia. Dios le dio una voz. Quiero animarle a que ejercite la suya.

Y esto nos lleva al porqué debería narrar su historia. A través de los años me he conmovido una y otra vez con la enorme batalla que enfrentan mis pacientes que tratan, a menudo por primera vez, de poner sus historias en palabras. Su lucha por encontrar palabras es a veces lenta y aterradora. Al mismo tiempo parece haber un impulso para dar testimonio de la verdad, y es muy evidente que darle voz a sus historias y a la profundidad de sus sufrimientos fue el vehículo principal para la sanidad en sus vidas.

Va a sentir una gran ambivalencia en cuanto a contar su historia. Decir las palabras lo lleva hacia atrás a la historia, la misma que intenta olvidar. Contarla es volver al horror. Este provoca el deseo/necesidad de negar. No hablar es terrible. Hacerlo también lo es, pues hace que la historia sea real.

Si ha experimentado abuso sexual, entiende esto muy bien. La mayoría de los sobrevivientes llega a un lugar en la vida, es posible que no sea hasta la adultez, en el que se sienten compelidos a hablar. A menudo lo que los impulsa es que descubren que no logran tolerar más las consecuencias destructivas del abuso. Así que el sobreviviente se decide a contar. Y, sin embargo, existe una gran barrera para hacerlo. No se encuentran las palabras. «Es mucho más difícil de lo que pensaba». «De todas formas no lo va a creer». «No lo puedo decir porque parecerá real y me va a consumir».

Una mujer que luchó mucho por contar su historia explicó por qué darle voz a lo que pasó parecía tan difícil y sin sentido: «El ser silenciado comenzó con decir: "No, no quiero", pero me obligaba de todos modos. Entonces el que abusó de mí físicamente me silenció empujándome la cara en la almohada. Algunas veces trataba de estrangularme hasta que me desmayaba. No le prestó atención a mi voz. Tal vez sea por eso que no le dije a nadie lo que pasó. Mi voz no tuvo efecto. Mi voz se perdió».

Le aseguro que a pesar de que las palabras sean inadecuadas para describir o captar el sufrimiento del abuso sexual, aun en su insuficiencia le ayudarán a liberarse. Y aunque parezca que hablar solo le causará lo que teme y que dé la impresión de ser tan grande que lo va a consumir, la experiencia de luchar con el silencio usando palabras, en su tiempo, disminuirá el tamaño de lo que teme. Hablar es abrir la puerta y dejar que entre un rayo de luz. Sí, esa luz va a exponer lo que es aterrador y feo. No obstante, esa luz también lo capacitará para ver el camino de salida. Hablar es decir la verdad. Sí, esa verdad lo enfrentará a pensamientos y sentimientos que ha tratado con todas sus fuerzas de olvidar. Aun así, la verdad también obrará para darle liberación.

Ahora ya ha considerado un lugar seguro para sentarse y contar su historia, y tiene un motivo por el que debe narrarla. ¿Qué otros parámetros han encontrado útiles los sobrevivientes? Las horas tempranas del día por lo general son mejores que las nocturnas. Los tiempos específicos ayudan a contener las emociones que se despiertan. Por ejemplo: «Voy a trabajar en mi historia los lunes, miércoles y viernes de cuatro a cinco de la tarde». Manténgase dentro de esos límites, y cuando termine, salga a caminar, a correr, salga a pasear en automóvil o cualquier cosa que le ayude a distanciarse de su tarea.

¿Ve todos los nuevos patrones que involucra este proceso? Está considerando lo que es bueno y es seguro para usted; el abuso pasó eso por alto. Se le pide que diga la verdad; el abuso silenció su voz. En forma cuidadosa, desarrolla parámetros a fin de que los recuerdos no le consuman toda la vida; el abuso fue incontrolable y no se pudo detener.

¿Logrará seguir todas estas ideas con claridad y hacerlas funcionar a la perfección? No. ¿Quiere decir eso que habrá fracasado? No. Está trabajando contra algo que es viejo, oscuro y grande. El cambio vendrá poco a poco.

Dios no lo creó para que viviera en silencio. Sabemos por la Palabra de Dios, tanto la escrita como la viva, que la naturaleza de Dios es hablar. A usted y a mí nos crearon a la imagen de un Dios que habla. Ser hecho a la imagen de Dios es tener una voz y expresarnos mediante ella.

Si ha sufrido abuso sexual, uno de los resultados en su vida es que lo silenciaron. Aniquilaron su voz. Tal vez la negación o la sordera de algunos es lo que lo silenció. Tal vez lo silenció la amenaza del rechazo, el cual está seguro que vendrá si dice la verdad. Ha conocido voces que mienten, distorsionan y engañan. Simula estar bien cuando se muere por dentro. Dice que no es gran cosa cuando destrozan su interior. Distorsiona los hechos de modo que no parezcan tan malos. Dice: «Al menos no me mataron», cuando en realidad se siente muerto.

Le animo a que hable, a que le dé voz a la verdad de su vida. En realidad, es algo muy difícil de hacer. Sin embargo, va a encontrar libertad si lo hace. Nuestro Dios es un Dios de verdad y de luz. Cuando se habla la verdad, se exponen las mentiras. Cuando se permite que la luz brille, la oscuridad desaparece. La narración de su historia no es un ejercicio que no tiene valor. Es un medio que lleva a un fin. El simple hecho de contar su historia no traerá la sanidad. Sin embargo, al darle voz a la verdad en su vida, para que la luz de Dios brille en todos los lugares, le traerá la sanidad.

Usted es una persona creada a la imagen de Dios. Él es el Dios que habla. Le ha dado a usted su voz. Los israelitas, al hablar de su esclavitud en Egipto, dijeron: «Clamamos al SEÑOR [...] y él escuchó nuestro ruego y vio nuestra miseria, el trabajo y la opresión [...] Por eso el SEÑOR nos sacó» (Deuteronomio 26:7-8). David dijo: «El SEÑOR ha escuchado mis ruegos; el SEÑOR ha tomado en cuenta mi oración» (Salmo 6:8-9).

Que la voz que le dio Dios se una a las voces de quienes han conocido la experiencia de la opresión, la violencia y el abuso. Es un paso que da miedo, lo sé, pero en cuanto lo dé, Dios lo va a encontrar allí. Él *es* el Redentor y lo *sacará* de ese lugar.

7

Lo que sucede después que cuenta su historia

«Sé que esto parecerá difícil de creer. Tengo sesenta años de edad y nunca le he dicho esto a nadie antes. Mi padre, bueno, mi padre solía beber algunas veces. Creo que no lo podía controlar. Él... él... mi padre me violó». Un día, esas palabras salieron con indecisión de los labios de una mujer en mi oficina. Después reflexionó sobre esa ocasión. «Recuerdo el día que dije esas palabras por primera vez. Me sonaron como si las hubiera gritado. ¿Por qué las dije tan fuerte? Temía levantar la vista. No quería ver sus ojos. Esperaba el veredicto: "Loca, como se le acusó". El abuso comenzó cuando yo tenía cuatro años de edad y terminó cuando tenía dieciocho. Cuarenta y dos años más tarde hablé de él en voz alta por primera vez. Fue como desenterrar algo muerto. Tenía la seguridad de que el olor sería insoportable».

La experiencia de hablar en voz alta o de escribir la historia de su abuso por primera vez va a generar toda clase de pensamientos y temores. Es posible que el pasado de pronto parezca grande e incontrolable. Tal vez lo quiera meter de nuevo en el lugar bajo llave en que lo mantuvo, pero ahora no parece poder regresar allí.

Algunos de ustedes han vivido con amenazas terribles de lo que sucedería si lo contaban. Ya sea que el sentimiento sea racional o no, es posible que tenga la certeza de que su abusador se «dé cuenta» que usted ha roto el silencio. Una mujer me dijo que se sintió muy confundida después de hablar por primera vez sobre el abuso: «Esa semana pasé mucho tiempo tratando de entender lo ocurrido en la oficina de mi consejera cuando le conté sobre el abuso. No lo comprendía. ¿Por qué me creyó la consejera? Siempre me habían dicho que nadie me creería, aun si trataba de contarlo. No tenía sentido. El hombre que abusó de mí dijo que sabría si yo había hablado con solo mirarme. Me advirtió que me mataría si lo hacía. Estuve en la casa toda la semana con él y nunca supo que se lo había contado a ella. Comencé a formularme preguntas en cuanto a ciertas cosas. Si mintió en cuanto a saber si yo había hablado, ¿era posible que hubiera mentido también sobre otras cosas?».

Un hombre dijo que él había pensado que no se lo diría a nadie, ni a su esposa ni a su mejor amigo. «Enterré dentro de mí historias que pensé que llevaría a la tumba sin decírselas a nadie». Retractarse de tal decisión es un paso mayor para cualquier persona. La vergüenza a veces desciende como una nube negra. Una sobreviviente dijo lo siguiente: «Yo no quería ir a mi cita una vez que la consejera lo supo. Me dolía todo mi ser, cuerpo, alma y mente. No quería ver la mirada en los ojos de ella. Me imaginaba que se sentía repugnada al ver la sucia mujer que tenía sentada enfrente. Tenía la seguridad de que estaría furiosa porque yo había malgastado tanto de su tiempo cuando no era nada más que una prostituta barata y demasiado repugnante como para hablar con ella. Me sentí muy poca cosa y vulnerable».

Es muy importante contar su historia. Y es también muy importante escribir sobre los pensamientos y sentimientos que siente después que cuenta su historia. ¿Cómo se siente en cuanto a sí mismo? ¿Cómo se siente con relación al que abusó de usted? ¿Qué teme que le pase? ¿Se siente aliviado y temeroso al mismo tiempo? ¿Ha hecho lo que decidió hacer a fin de cuidarse a sí mismo? Tome tiempo ahora para escribir sus respuestas en su cuaderno.

En el umbral de la esperanza

Una de las cosas que será muy importante a medida que avanza a través de este libro es tratar de separar su voz, la voz del abusador y la voz de Dios. A menudo le parecerá que se escuchan a la misma vez. O su voz queda del todo aplastada, y no puede discernir las palabras del abusador de las palabras de Dios.

¿Qué dice su voz? Tal vez la escuche decir cosas como: «Tengo miedo de contarlo», o «Van a suceder cosas malas», o «Me van a herir», o «No es cosa del otro mundo», o «¿Por qué no lo puedo olvidar?», o «A esta altura ya lo debería haber superado», o «¿Qué cosa buena va a salir de todo esto?».

¿Qué dice la voz del abusador? Tal vez la escuche decir cosas así: «Si lo cuentas, te voy a hacer daño», o «Voy a lastimar a alguien que tú amas», o «Nadie te va a creer», o «Lo has inventado», o «Nunca ha sucedido», o «Fue por tu culpa».

¿Qué dice la voz del Redentor? No lo que le han dicho que diría, no lo que teme que diga, sino, ¿qué dice *en realidad*? Él dice: «No tengan nada que ver con las obras infructuosas de la oscuridad, sino más bien *denúncienlas*» (Efesios 5:11, énfasis añadido). Decir la verdad es escuchar la voz del Redentor. Él dice: «Yo cargué con tus pesares y soporté tus dolores» (Isaías 53:4, paráfrasis de la autora). La voz del Redentor le pide que le traiga sus pesares y sus dolores. Y lo hace cuando cuenta su historia. Es importante que escuche sus palabras.

La oración de David que se encuentra en el Salmo 35:22-27 es un fin apropiado para su historia:

> *SEÑOR, tú has visto todo esto;*
> *no te quedes callado.*
> *¡Señor, no te alejes de mí!*
> *¡Despierta, Dios mío, levántate!*
> *¡Hazme justicia, Señor, defiéndeme!*

Júzgame según tu justicia, Señor mi Dios;
no dejes que se burlen de mí.
No permitas que piensen:
«¡Así queríamos verlo!»
No permitas que digan:
«¡Nos lo hemos tragado vivo!»
Queden avergonzados y confundidos
todos los que se alegran de mi desgracia;
sean cubiertos de oprobio y vergüenza
todos los que se creen más que yo.
Pero lancen voces de alegría y regocijo
los que apoyan mi causa, y digan siempre:
«Exaltado sea el SEÑOR, quien se deleita en el
bienestar de su siervo».

8

Entendamos alguna terminología

Una respuesta útil a cualquier problema depende de tener una comprensión clara del problema. Con el propósito de que la sanidad ocurra en su vida, necesita entender el origen de la ofensa y el daño continuo en su vida. El abuso sexual hace daño a lo más íntimo de una persona. Sin duda afecta la vida de un niño víctima de abuso, pero también puede destilar veneno a través de la vida adulta. El impacto de tal abuso no solo «desaparece». Debido a que el impacto del abuso sexual es profundo, es importante que definamos con cuidado lo que es el abuso, consideremos lo común que es, miremos a posibles síntomas y luego definamos algunos términos comunes que se usan.

¿QUÉ ES EL ABUSO SEXUAL?

El abuso sexual ocurre cuando a alguien, niño o adulto, lo explota sexualmente una persona mayor o más fuerte para la satisfacción de las necesidades del abusador. El alcance del abuso es amplio; incluye actividad sexual verbal, visual o física en la que se participa sin consentimiento. El abuso sexual es un crimen en los Estados Unidos y también en muchos países.

El abuso sexual verbal puede incluir amenazas sexuales, comentarios sexuales acerca del cuerpo de una persona, comentarios sugestivos o lascivos y conversaciones inapropiadas. Por ejemplo, trabajé con un hombre cuya madre hablaba con él en detalles y con frecuencia sobre las necesidades y preferencias sexuales que tenía.

El abuso sexual visual incluye exposición a la pornografía, a cualquier escena provocativa sexual (tal como ver un acto sexual), exhibicionismo o voyeurismo.

El abuso sexual físico es mucho más amplio que el acto sexual (forzado, sin ser forzado o simulado). Incluye cualquier toque con la intención de excitar sexualmente al abusador. Puede también incluir la exposición del cuerpo de la víctima a otras personas.

¿CUÁN COMÚN ES EL ABUSO SEXUAL?

Las cifras estimadas indican que al llegar a los dieciocho años de edad, una de cuatro mujeres y uno de cada seis hombres han experimentado cierta clase de abuso sexual. Dado el enorme secreto que rodea el problema del abuso sexual, es probable que tal forma de abuso sea más común de lo que se denuncia.

El abuso sexual ocurre una vez en algunas personas y se extiende a través de toda la niñez en otras. La edad promedio del niño cuando comienza el abuso es entre los seis y los doce años de edad. Para algunas personas, todos los recuerdos de su niñez incluyen abuso sexual.

La mayoría de los abusadores, ya sea que las víctimas sean hombres o mujeres, son hombres. La mayor parte de los perpetradores (abusadores) son en gran medida mayores que sus víctimas. Algunos lugares requieren una edad de cinco años de diferencia para el contacto a fin de que se clasifique como abuso sexual. Sin embargo, la edad del perpetrador *no* determina si la víctima se dañó por la experiencia. Cualquier experiencia sexual que no se quiere logra causar daño, sin importar la diferencia de edad entre el perpetrador y la víctima.

¿CÓMO AFECTA A LAS PERSONAS EL ABUSO SEXUAL?

La severidad de la reacción de una persona al abuso sexual depende de muchos factores. Cada persona es diferente. Aun si se encuentra con alguien cuya historia parece idéntica a la suya, sus reacciones pueden ser diferentes porque usted es una persona única. Esto es en parte porque, al parecer, el contexto en el cual sucede el abuso y la manera en que responden otros al abuso son factores muy significativos.

La investigación indica que ciertas situaciones de abuso causan más daño que otras. El abuso que ocurre con más frecuencia y que dura más es en potencia más dañino. Cuanto más cercano sea el abusador a la víctima, y cuanto más grande sea la diferencia de edades, mayor es el daño. Como resultado, los niños víctima de abuso de un padre o madre biológico a menudo sufren un daño mayor. El abuso sexual que involucra la penetración de cualquier clase se le considera más perjudicial. El abuso que fue sádico o violento es más dañino. Las víctimas que creen que respondieron en forma pasiva o que accedieron tienen más sentido de culpa. Las víctimas que experimentaron estimulación sexual durante el abuso a menudo sienten odio hacia sí mismas. Cuando la víctima le cuenta a alguien sobre el abuso y recibe ya sea una reacción negativa o ninguna ayuda, el daño es mayor.

Una de las maneras principales en que las víctimas de abuso sexual le hacen frente a lo sucedido es negarlo por completo o por lo menos disminuir su impacto. Eso quiere decir que si usted es un sobreviviente que leyó el párrafo anterior, su tendencia será a concluir: «¿Ve? El mío no fue tan malo», o «Podría haber sido mucho peor. ¿Qué pasa conmigo?». Si esa es su reacción, está silenciando su voz. Lo importante no es lo que es una respuesta típica a circunstancias similares. Lo importante es: ¿Cómo fue (o es) para *usted*? ¿Qué experimentó? ¿Qué impacto tuvo su experiencia en *usted*?

Encontrará que yo digo una y otra vez a través de este libro que la verdad es parte del carácter de Dios. A medida que comienza a tratar con su propia historia de abuso sexual, necesitará hacerlo basado en la verdad. Eso quiere decir hablar la verdad en cuanto a lo que le pasó. También significará hablar la verdad en cuanto a sus respuestas al abuso. Ambas verdades van a ser difíciles de enfrentar y hablar de ellas. No obstante, el hacerlo lo conducirá a la libertad.

DEFINICIÓN DE TÉRMINOS

Cada campo de estudio parece tener su propio lenguaje. Cuando las personas que no asisten a la iglesia entran por primera vez en la comunidad de una iglesia, se sienten abrumadas por todas las palabras y referencias que no entienden. Hasta que no aprenden algo del lenguaje o vocabulario, se sienten confundidas y dejadas de lado. La esfera del abuso sexual también tiene su propio vocabulario. Hay algunos términos específicos que encontrará en la mayor parte de la literatura sobre el asunto. Vamos a definir algunos de esos términos a fin de que logre comprender lo que lee. También descubrirá (es probable que con cierto alivio), que esos términos describen y tal vez normalicen algunas de sus experiencias. Al usar un par de esos términos con una paciente mía hace unos años, dijo: «¿Quiere decir que tienen palabras especiales para esta cosa? ¡Ah! Entonces esto significa que no soy la única».

Percusores

Un percusor es cualquier cosa que le recuerda el abuso. La definición literal de la palabra es «cualquier cosa que sirve de estímulo y precipita una reacción». Los olores son a menudo percusores. El olor de cierta colonia, sudor, semen o un olor a humedad pueden traer recuerdos muy vívidos de lo que le sucedió.

Una paciente escribió: «Algunos olores actuarían como un percusor y me traerían recuerdos. Por ejemplo, el olor de un zorrino me trajo el recuerdo de lo que sucedió en aquella granja. El abuso ocurrió una tarde cuando había un fuerte olor a zorrino detrás de nuestro granero. Ese olor me llevó de nuevo allí y todo lo demás del presente se desvaneció».

Los percusores pueden ser cosas que escucha, que ve, una cierta clase de toque o un lugar particular. Un percusor es *cualquier* cosa que le haga recordar el abuso.

Escenas retrospectivas

Una escena retrospectiva es una clase de recuerdo tan poderoso que se siente como si el presente desapareciera y se encuentra en realidad en el tiempo y lugar del abuso. A menudo siente como si el abuso ocurriera otra vez. Logra escuchar los sonidos, oler los olores y sentir el toque. Puede ser aterrador y desorientador. Es difícil escuchar lo que sucede en el presente. Las personas parecen estar muy lejos, y las que están en el recuerdo parecen más reales que las del presente.

Las escenas retrospectivas pueden ocurrir como resultado de un percusor. Dichas escenas también suceden durante la consejería. Cuando está tratando de decirle a su consejero lo que recuerda, el cuarto donde está sentada desaparece y en lugar de sentirse como una mujer de treinta y seis años, se siente de nuevo como si tuviera cinco años. Tal vez sienta que el corazón le palpita con más rapidez. Su cuerpo se puede acurrucar y comienza a sudar. La adrenalina empieza a circular por su cuerpo y su respiración se agita. A medida que la escena retrospectiva desaparece y vuelve al presente, se siente confundida y desorientada. Se pregunta qué sucedió en realidad y es probable que se sienta avergonzada.

Las escenas retrospectivas son una experiencia dura y lamentablemente no se curan con facilidad. La mayoría de los sobrevivientes encuentran que las escenas retrospectivas disminuyen en frecuencia e intensidad a medida que cuentan sus historias. Muchos también descubren que les es útil tener a una persona de confianza con ellos cuando suceden estos episodios.

Tanto un consejero como un amigo de confianza pueden aprender cómo necesita que ellos respondan cuando le sucede una escena retrospectiva. He notado que muchos sobrevivientes no quieren que se les toque durante una de estas experiencias. Algunas veces encuentran que les ayuda y es estabilizador «seguir mi voz hasta que salen». Esto solo quiere decir que yo continúo hablándoles en voz baja, recordándoles dónde se encuentran en ese momento presente y que lo que recuerdan no está sucediendo ahora.

Lo siguiente describe una de dichas experiencias: «Cuando un recuerdo me llegaba de golpe, me perdía por completo en él. Era como si el presente se desvaneciera en una niebla y que cualquier recuerdo que estuviera allí volviera como si en realidad sucediera en ese mismo momento. Literalmente podía oler los olores, paladear los sabores y sentir los efectos físicos en mi cuerpo. Me di cuenta que la voz de la consejera durante la escena me mantenía enfocada para estar en el presente. A través de la experiencia, me hablaba, pidiéndome que la escuchara, que creyera lo que es verdad, que ya no era pequeña ni estaba de nuevo en la granja. Me decía que me mantuviera en el presente, que escuchara y me mantuviera atenta a su voz. Al hablar no hacía demandas ni reflejaba pánico. Era suave y controlada. A menudo su voz era la única cosa que lograba sacarme de un recuerdo, el cual de otra forma permanecía conmigo por horas o días, y me consumía y desorientaba a tal punto que no era capaz de funcionar en mi vida diaria».

Pesadillas

Muchos sobrevivientes de abuso sexual tienen pesadillas recurrentes. Algunos tienen pesadillas ocasionales que se desencadenan debido a un recuerdo que tuvieron durante el día. Para otras personas, las pesadillas ocurren todas las noches. Cuando esto sucede, muchos sobrevivientes dicen que evitan acostarse porque significa sentir terror y sufrir de nuevo el abuso. Algunos sobrevivientes posponen irse a la cama, duermen en lugares que sienten que son seguros (como debajo de la cama), o se mantienen despiertos hasta que el sueño los vence. «Yo pensaba que me había escapado de él y así no me tocaría más. Sin embargo, todas las noches me atrapa de nuevo».

Algunas pesadillas de sobrevivientes son fragmentos del abuso entretejidos con sueños comunes y corrientes. Otras pesadillas son solo volver a vivir, noche tras noche, los verdaderos recuerdos.

Al igual que las escenas retrospectivas, las pesadillas no se curan como por arte de magia. Del mismo modo que las escenas retrospectivas, las pesadillas parecen disminuir en frecuencia e intensidad a medida que los recuerdos se expresan al hablar con un terapeuta de confianza.

Enfrentar los recuerdos durante las horas del día y tener el valor de hacerlos palabras parecen disipar su dominio.

Disociación

Algunas personas que repetidas veces se traumatizan y no encuentran salida, tienen que descubrir alguna manera de lidiar con lo intolerable. Algunos sobrevivientes lo hacen por disociación o «espaciamiento mental». La disociación es solo una manera mental y emocional de alejarse uno mismo del doloroso y peligroso presente. Hay varias maneras de disociarse. Usted puede disociarse para no sentir las sensaciones físicas en su cuerpo. Puede disociarse de emociones para así no tener que sentir. O puede desconectarse de la realidad a tal punto que ya no es consciente de lo que sucede. Hay personas que se disocian de las tres maneras a la vez. Algunos sobrevivientes dicen que sintieron como que salen de sus cuerpos y se vuelven parte de algo en el cuarto. Otros sienten como si alguna otra persona sufriera el abuso.

Una sobreviviente lo describió de esta manera: «Yo comenzaba a pensar en la pared, el color que tenía, lo dura que era. Me preguntaba lo que sería ser una pared. Las paredes no tienen sentimientos. Decidí que el lugar más seguro en la pared era bien arriba en el rincón, así que me obligaba a ir allí y me escondía en la pared. Entonces yo era la pared y miraba mientras el padre lastimaba a la niñita».

Uno de los peligros de la disociación es que a pesar de que le permite sobrevivir el abuso, también hace que se hiera con más facilidad ahora. Si se coloca en un mundo imaginario o trata de dejar su cuerpo, le es más difícil cuidarse en el presente. Al igual que muchas cosas, la disociación tal vez sea lo que le ha permitido sobrevivir y permanecer cuerda, pero lo que quizá fuera de ayuda en el pasado, ahora se ha convertido en algo que no es de ayuda o es destructivo. En capítulos posteriores hablaremos más de la disociación.

Estas definiciones solo describen lo que tal vez ha experimentado. Las usaremos de nuevo a medida que hablemos de lo que el abuso sexual hace a la víctima. Creo entonces que estos términos comenzarán a cobrar sentido para usted y entenderá con más claridad por qué ocurren tales cosas.

9

Analicemos el trauma

El abuso sexual es traumático. El trauma nos afecta de varias maneras. Escuche la voz de esta sobreviviente:

«*Trastorno por estrés postraumático (TPEP). Al fin alguien le puso un nombre a lo que estoy experimentando.*

»*Mi padre me violó durante quince años. Nunca me di cuenta de que todas las cosas que echan a perder mi vida es un resultado de eso. Siempre tengo miedo; terror es una palabra mejor. Siempre me están llegando recuerdos de lo que sucedió. Me vienen de no sé dónde. Puedo estar sentada en un parque un día hermoso, cuando de repente, las imágenes de lo que hizo están allí. Entonces me siento como si otra vez tuviera seis años de edad, no veinticuatro. Es como si todo sucediera de nuevo. Mi consejera lo llama escenas retrospectivas.*

»*Les tengo miedo a todos los hombres y a los espacios pequeños. No puedo dormir ni concentrarme. Salto con facilidad y a menudo me enfurezco sin tener razón alguna. Odio mi cuerpo. Nunca quiero hablar de mis años de crecimiento y me siento ansiosa alrededor de los niños porque me recuerdan cuando era pequeña.*

»Creía que estaba loca, pero mi consejera me dijo que no es así. Me dijo que la forma en que me siento es normal para las personas que vivieron lo que yo viví. ¡Normal! ¿Concibe eso? Jamás me imaginé que por ninguna razón alguien diría que eso es normal. También me dijo que hay esperanza. No estoy segura de saber qué se siente al tener esperanza. Ella me dijo que significa que en algún lugar a lo largo del camino no tengo que vivir así. Me pregunto si tiene razón».

¿QUÉ ES EL TRAUMA?

Muchos hombres y mujeres víctimas de abusos sexuales sufren de lo que se llama trastorno por estrés postraumático (TPEP), que es una condición que se determina usando ciertos criterios. En primer lugar, las personas que sufren este trastorno han estado expuestas a una experiencia traumática que involucró la muerte o la amenaza de muerte o de heridas, durante la cual experimentaron pánico, terror y la sensación de no poder hacer nada. En segundo lugar, vuelven a experimentar el trauma en sueños, escenas retrospectivas, recuerdos que se presentan de pronto o ansiedad en situaciones que les recuerdan dicho acontecimiento. En tercer lugar, demuestran un adormecimiento de las emociones y falta de interés, o evitan a otras personas y al mundo. En cuarto lugar, experimentan síntomas de hiperestimulación tales como el insomnio, irritabilidad, arranques de enojo y dificultad en concentrarse. Tal vez esta lista de criterios lo describa a usted. Si ha experimentado los últimos tres síntomas durante al menos un mes, y si han afectado su vida en forma significativa, usted califica para el diagnóstico de TPEP.

La palabra *trauma* viene de la palabra griega que significa herida. El TPEP es el resultado de una herida a su persona. Se describe un hecho traumático como aquel en el que las habilidades comunes de una persona para lidiar con una situación son del todo abrumadoras e inútiles. El abuso sexual es traumático. Si ocurre con regularidad durante la niñez es aun más traumático. El abuso sexual continuo destroza todos los aspectos del ser de una persona, su mundo, su vida, su fe y su futuro. Esto es bien cierto si la víctima de abuso es un niño. Por definición, un niño es pequeño, vulnerable y dependiente. Cuando las personas mayores en lugar de protegerlo y cuidarlo violan y traumatizan, ocurre un acontecimiento traumático.

Una sobreviviente con la que trabajé hace años contó que estuvo en la casa de una amiga que tenía una hija de cinco años de edad. Mientras las dos mujeres hablaban, la niña jugaba en el patio de atrás de la casa. Durante ese tiempo, dos automóviles chocaron en la calle y la niña vio el accidente. Ella entró corriendo a la casa, aterrorizada por completo debido a lo que vio. Fue de inmediato a su madre, quien la meció en sus brazos y la consoló, explicándole una y otra vez lo sucedido, asegurándole que estaba a salvo. Mi paciente supo después que la niña sufrió pesadillas durante bastante tiempo después del accidente. Cuando sentía miedo, sus padres repetían muchas veces la respuesta que se describe en este párrafo hasta que al fin la niña lograba estabilizarse.

Este hecho tuvo un profundo impacto en mi paciente. Le abrió la mente a la realidad de su propia experiencia a la misma edad. Un tío la violaba con regularidad y aunque su tía lo sabía, no hizo nada para proteger a mi paciente. La dejaron sola con su miedo, su desamparo y su pánico. No tenía a nadie que la consolara ni la apoyara. El contraste fue sorprendente, y le permitió a mi paciente ver la verdad de que sufrió trauma una y otra vez sin una manera de escapar, sin rescate a la vista y sin la capacidad de protegerse a sí misma. Eso fue un punto de cambio en su sanidad de adulta.

EL ABUSO SEXUAL CAUSA HERIDAS PROFUNDAS

Soy consciente de que muchos de ustedes han pasado años tratando de restarle importancia a lo que les ocurrió. Aun ahora es posible que piensen: *Ella está agrandando esto demasiado*. Sin embargo, como lo he dicho varias veces, una de las características de nuestro Dios es la verdad. La sanidad no llegará a menos que comencemos con la verdad. ¿Cómo es posible que encontremos maneras apropiadas de traer la sanidad a cualquier herida, si para comenzar no estamos claros ni decimos la verdad en cuanto a la naturaleza de dicha herida? Si tiene una herida de puñal en el estómago, en realidad no querría que un cirujano le echara una mirada a su camisa ensangrentada y dijera: «Ah, es una simple y pequeña cortadura. Eso no es en realidad muy importante. Vamos a ponerle esta bandita adhesiva». Usted querría que el cirujano le examinara la herida antes de indicarle el tratamiento. Si disminuye la importancia del abuso que le infligieron, encontrará que cualquier esfuerzo por sanar la herida va a ser inadecuado, solo colocarle una bandita adhesiva a una herida seria. A menudo animo a mis pacientes a que en forma continuada le pidan a Dios que exponga lo que es verdad a medida que continuamos, ya sea en cuanto a la extensión de la herida, sus formas de lidiar con esta, la percepción que tienen de sí mismos o sus creencias en cuanto a Dios. El Señor siempre contesta una oración que pide la verdad, aunque quizá tome tiempo, pues su naturaleza es revelar la verdad.

Las heridas infligidas por el abuso sexual no son superficiales. Llegan a lo profundo. Amenazan destruir su sentido de seguridad, su fe y su sentido de identidad.

Su mundo ha cambiado por el abuso sufrido. Su mundo deja de ser seguro. Si el abuso ocurrió en forma repetitiva, se destrozó cualquier sentido de seguridad o esperanza. Cualquier cosa que haya hecho para tratar de detener el abuso resultó inútil. Tal vez intentó ser bueno, malo, bien parecido, feo o inteligente, esperando detener al abusador. Quizá trató de esconderse o de orar. Aun así, la mayoría de ustedes comprobó que eso no sirvió de nada. El abuso sucedió una y otra vez.

Una sobreviviente describió su lucha tratando de encontrar un lugar seguro: «Yo trataba de ponerme a salvo, pero nada daba resultado. Buscaba lugares para esconderme en el bosque, en el desván, en el ático. Siempre me encontraba».

Otra sobreviviente lo expresó de esta manera: «¿Seguridad? La seguridad era dormirme de noche con la ropa de cama sobre la cabeza y las manos ocultas debajo, orándole a Dios que mi papá no viniera. Después de todos esos años, todavía duermo de esa forma».

Tal vez encuentre que el abuso también dañó su fe. Quizá le rogara a Dios que hiciera que el abuso parara o que la mantuviera a salvo. A lo mejor en algún lugar del camino decidió que Dios no tenía poder o que usted no le importaba a Él. Esa no es una conclusión sorprendente, en especial si el abusador le decía sin cesar que usted era una persona mala.

Muchos sobrevivientes luchan con la imagen que tienen de Dios. «Cuando mi padre abusó de mí sexualmente, perdí mi habilidad de confiar en él. Me haría promesas y luego no las cumpliría. Me decía palabras de amor y luego abusaba de mí. Mi incapacidad de confiar en él afectó en forma trágica mi relación con Dios. ¿Qué haría a Dios diferente de mi padre? Todo lo que sabía era lo que había experimentado a manos de mis padres, y no era algo en lo que pudiera confiar. Me sentía incapaz de confiar en Dios. ¿Por qué debería confiar en Él?»

Otra sobreviviente lo expresó así: «Yo tenía muchas formas diferentes de pensar en cuanto a Dios. La Biblia dice que los hijos deben honrar a su padre y a su madre para que todo les vaya bien y vivan largos años. Siempre tomé el significado de eso como que cualquier cosa que hicieran mis padres, la responsabilidad era mía. Si no hacía lo bueno, mis padres tenían el derecho a matarme».

El abuso destroza el sentido de identidad. Cuando abusaron de usted, las personas a su alrededor le comunicaron que sus pensamientos y sentimientos en cuanto a lo que sucedía no eran importantes. Consideraban que sus palabras no tenían sentido. Cualquier expresión verdadera en cuanto a sí mismo tenía que ocultarse. No se escuchaban sus gemidos de que no quería ser víctima de abuso. Sus declaraciones del abuso no importaban. Quien es usted en realidad no se tomó en cuenta. Lo redujeron a un pretexto.

«Mis esfuerzos por ocultar la verdad de los demás dieron resultado. La gente me veía como una niña callada, buena, que se preocupaba de sus asuntos al punto que se perdía o armonizaba con el paisaje. Temiendo lo que otros lograrían descubrir si *en realidad* me llegaban a conocer: la niñita sucia, herida y no amada, oculté a propósito mi verdadero yo. Inclusive me engañé a mí misma. Ya no sabía quién era».

Vamos a hablar sobre los efectos del abuso en capítulos posteriores, pero ahora es importante que enfrente la seriedad del abuso que le sucedió. Espero que algo de lo que hemos hablado aquí le ayude a identificar su experiencia o tal vez a hacerla palabras por primera vez. Si nunca ha pensado en el daño que le hizo el abusador, quizá descubra que este proceso le produce miedo. Si ha pensado en esto y se ha catalogado como una persona extraña, es probable que sienta alivio.

Quiero recordarle de nuevo la verdad de este asunto. El abuso sexual es una perversidad, una maldad y esta daña a los seres humanos. En nuestros incontables esfuerzos por hacer que las cosas se logren manejar, tendemos a disminuir su importancia o a no tomar en serio algunos acontecimientos terribles. Al mismo tiempo, necesitamos que se nos recuerde a menudo que la perversidad, la maldad y sus daños resultantes no son el fin de la historia. Hay esperanza.

Las palabras de los sobrevivientes que he citado en este capítulo reflejan mucho dolor y confusión. Le dan vistazos a la forma de pensar distorsionada, al temor sobrecogedor y a las preguntas sin respuestas. Le dan una perspectiva de cómo el abuso sexual ocurrido en la niñez llega a repercutir durante toda la vida.

Sin embargo, le dará alegría saber que cada uno de esos sobrevivientes ha superado las experiencias aquí relatadas. Estos hombres y mujeres le hablarán, a medida que avanzamos en el libro, sobre el crecimiento ocurrido en sus vidas. Le dirán cómo Dios, en forma tierna y con paciencia infinita, ha llegado a sus corazones y a sus vidas y ha comenzado a sanar sus heridas y a modificar sus respuestas. Le darán vistazos de la obra maravillosa de nuestro Redentor.

10

Abuso en la niñez

La mayoría de ustedes eran niños cuando sufrieron abuso sexual. Ese solo hecho tiene un gran impacto en la forma en que ha enfrentado los efectos del abuso.

¿Qué significa ser un niño? Piense en esto por un momento. Escriba las palabras que le vienen a la mente cuando escucha la palabra *niño*. He aquí algunas palabras que otras personas sugirieron: *pequeño, débil, inmaduro, ignorante, dependiente, vulnerable, necesitado, chico, inocente, dócil*. Si le trajera alguien que encaje en esa descripción y esperara que usted, como adulto, cuidara de esa persona, ¿qué clase de relación tendría que brindarle?

Los niños dependen de los adultos para que les digan la verdad. Piense por un momento. ¿Cómo aprenden los niños los nombres de las cosas? ¿Cómo saben que un árbol es un árbol y no es un perro? Una persona mayor se los dice. Los niños tienen que confiar en los adultos a fin de que les digan los nombres de las cosas. Si cuando usted era niño su padre le hubiera dicho que los árboles eran perros, ¿no se lo habría creído?

Los adultos no solo ayudan a los niños a nombrar las cosas tangibles, también los ayudan a nombrar las intangibles como el bien, el mal, lo adecuado, lo indebido y el amor. ¿Qué les sucede a las criaturas pequeñas, necesitadas, dependientes y dóciles a las que se les dice año tras año que lo malo es bueno y que el abuso es amor? Cuando muchos sobrevivientes sufrían el abuso sexual, escucharon los siguientes mensajes de los adultos en quienes confiaban:

«Esto es lo que todos los padres les hacen a sus hijitas».

«Tengo que hacerte esto porque tú eres muy mala».

«Tú eres mi hija. Te puedo hacer lo que quiera. Tú eres de mi propiedad».

«No lo puedo evitar».

Los niños y las niñas que escucharon esos mensajes no tenían manera de saber que no se les decía la verdad. La naturaleza de los niños es confiar en los adultos.

¿Sabe lo que Dios dice en cuanto a esos mensajes? Él dice: «¡Ay de los que arrastran iniquidad con cuerdas de mentira, y el pecado con sogas de carreta! [...] ¡Ay de los que llaman lo malo bueno y lo bueno malo, que tienen las tinieblas por luz y la luz por tinieblas, que tienen lo amargo por dulce y lo dulce por amargo! [...] ¡Ay de los que [...] le niegan sus derechos al indefenso!» (Isaías 5:18-23).

Los niños dependen de los adultos para que les enseñen sobre sus relaciones. Los adultos que cuidan a los niños les enseñan a conducirse en sus relaciones. Es de estos adultos que los niños aprenden a preocuparse por los demás, a comer en la mesa, a desarrollar intimidad, a comunicarse, a no interrumpir, a no robar. Lo que esos adultos dicen, y tal vez más importante lo que hacen, les enseña a los niños de forma continua. ¿Y qué aprende un ser humano dependiente, sin muchos conocimientos, dócil, cuando papá le pega a mamá, cuando los niños tienen que comer en el piso, cuando el tío viola a sobrinas y sobrinos, y cuando maldecir es el lenguaje de elección?

Estas reflexiones de adultos que sobrevivieron el abuso sexual en la niñez ilustran algunas de las cosas que les pasaban por la mente cuando eran niños y estaban sujetos a adultos que no les decían ni les mostraban la verdad.

«*Comer era una pesadilla en nuestra casa. La comida era uno de los dioses de mi padre. Teníamos que comer lo que se servía. Él siempre gritaba en la mesa si alguno derramaba algo y le daba un golpe en la cabeza. Mi hermano siempre vomitaba porque era muy nervioso. Se nos tomaba el tiempo cuando comíamos. Si no lo hacíamos a la velocidad indicada, teníamos que poner las manos sobre la mesa y mi padre nos pegaba con su cinturón doblado*».

«*Nunca escuché palabras amables en mi hogar. Mi padre maldecía a Dios y usaba vulgaridades en todas sus frases. Yo me sentía confundido cuando otras personas no maldecían*».

«*¿Relaciones? Daba por sentado que nadie era confiable. Solo podía confiar en mí misma. Mi meta era ser autosuficiente. Construí una pared protectora que cada vez se hacía más grande para mantener a los demás afuera y así yo estar segura*».

«*Me convertí en una persona superalerta en las relaciones. Aprendí cómo interpretar a mi madre, mi padrastro y a sus amigos. Siempre estaba vigilante. Tenía que verlo y saberlo todo. Si me mantenía delante de ellos, tal vez estaría un poco más segura. Todavía trato de saber todas las cosas, como si ese conocimiento me fuera a proteger*».

Los niños también aprenden de los adultos en cuanto a sus cuerpos e identidades sexuales. ¿Qué le sucede a un ser humano pequeño, dependiente, vulnerable cuyo cuerpo se usa sexualmente y a quien se le dice que la vergüenza y la culpa son solo suyas? ¿Qué le sucede a una niñita que nunca la tocaron sino cuando le pegaban o era víctima de abuso sexual?

«Yo tenía dos tíos que me violaban. Me sentía muy confundido en cuanto a mí mismo. ¿Por qué los hombres violarían a un varón? ¿Significa eso que soy homosexual? ¿Envío ciertas señales? Me siento extraño cuando estoy con mujeres, aunque he sido muy promiscuo, como si de alguna forma, cuanto más relaciones sexuales tenga con mujeres, más puedo probar que soy hombre».

«A través de toda mi adolescencia, mi madre solía acostarse conmigo y acariciarme en forma inapropiada. La odio. Odio a todas las mujeres, en especial las que se sienten atraídas hacia mí».

«Yo solía ponerme en situaciones peligrosas con hombres que abusarían de mí en lo sexual. Pienso que quería alguna clase de afecto, aun si era terrible. Me moría porque alguien me tocara. Trataba de encontrar alguna forma de que me abrazara. No siempre daba resultado, pero algunas veces lo hacían. Después, solo pasaba por alto el dolor entre las piernas y la vergüenza que sentía, pues aún lograba sentir sus brazos alrededor de mis hombros».

Los niños también dependen de los adultos para que les enseñen sobre las aptitudes, la confianza propia, la creatividad y la iniciativa. Sin embargo, ¿qué sucede cuando seres humanos pequeños, físicamente inmaduros, no muy seguros de sí mismos se pasan por alto, se critican, se insultan y abruman?

«Me veía fea, gorda, estúpida e indigna de vivir. Siempre pensaba en la muerte. No podía ver la razón para vivir».

«Nunca tenía metas. No quería vivir lo suficiente como para lograrlas».

«Siempre tenía miedo de que alguien viera lo destrozada que estaba. Todos a mi alrededor crecían y vivían. Mi vida era una rutina. Estaba llena de trabajo y de maniobras. Nada de lo que hacía era sobre crecer, ni le añadía algo. Mi vida siempre era reaccionaria y de conservación propia».

«Existe una relación interesante entre mi pasión por la música y el abuso que sufrí. Para cuando estaba en el octavo grado, era una pianista bastante prodigiosa. Tocaba lo bastante bien como para que mis padres y maestra pensaran que debía tener un instructor mejor. Comencé a tomar lecciones del hombre que sería el último de los que fui víctima de abuso sexual. Cuando estaba en el noveno grado, de pronto dejé de tomar lecciones de piano, para no volverlo a hacer hasta hace poco tiempo. ¿Tendría algo que ver el abuso con mi aversión a que me identificaran como pianista?»

Una de las tareas que les doy a mis pacientes que sufrieron el abuso sexual en su niñez es la de visitar un patio de recreo de una escuela o guardería infantil y observar a los niños de la misma edad que tenían ellos cuando se cometió el abuso. Instruyo a mis pacientes a que lleven un cuaderno y tomen notas de lo que observan en esos niños. ¿Qué características perciben? ¿Cómo actúan esos niños? ¿Qué saben hacer esos niños? ¿Qué no saben hacer? ¿Qué necesitan de sus maestros y de otros adultos? Por lo general, este es un ejercicio muy valioso. Parte de ello se debe a que los sobrevivientes piensan en el abuso con mente de adultos. Consideran lo que sucedió y la forma en que respondieron como si el niño que recuerdan pudiera hacer lo que son capaces de hacer ahora como adultos. Noto que la percepción de los niños que tienen los sobrevivientes, en especial de ellos como niños, está lejos de ser realista.

Mis pacientes dirían: «Debí haberlo parado».

Y le respondería: «Bien, él tenía cuarenta y cuatro años y pesaba cien kilogramos. Usted tenía cuatro años, ¿y cuánto pesaba? Por supuesto que debió haberlo hecho».

Mis pacientes dirían: «Bueno, cuando fui mayor, tenía que haberlo hecho parar».

Yo les diría: «Por supuesto, después de diez años de terror, soledad y dependencia forzada, debió haber despertado una mañana libre de temor y haber enfrentado al abusador».

Tales respuestas detestables de mi parte, unidas a la experiencia de haber observado a otros niños, a menudo comienzan a irradiar luz en una mente confundida que durante años ha estado llena de mentiras y de expectativas irreales.

Le animo a que haga lo mismo que mis pacientes. Que vuelva a la edad que tenía cuando comenzó *su* abuso. Luego vaya a la librería o a la biblioteca y lea libros que describen en forma adecuada el desarrollo de las habilidades de un niño a esa edad. Luego, en su mente, ponga a *ese niño* en un ambiente de abuso y con cuidado piense en sus expectativas anteriores y en los juicios duros que hizo sobre sí mismo.

En el umbral de la esperanza

Recuerde a la niña que fue testigo de un accidente automovilístico y recibió el cuidado apropiado y *necesario*. Esa experiencia demuestra con claridad una respuesta apropiada a una niña dependiente y asustada. Y, por último, agregue las palabras de nuestro Salvador, quien deplora el abuso de los niños: «Y el que recibe en mi nombre a un niño [Jesús se refiere a los niños que se le acercaron] como este, me recibe a mí. Pero si alguien hace pecar a uno de estos pequeños que creen en mí, más le valdría que le colgaran al cuello una gran piedra de molino y lo hundieran en lo profundo del mar [...] Miren que no menosprecien a uno de estos pequeños. Porque les digo que en el cielo los ángeles de ellos contemplan siempre el rostro de mi Padre celestial» (Mateo 18:5-6, 10).

11

¿Qué aprendió de su familia?

¿Qué clase de familia es en la que existe el abuso sexual? Por el relato bíblico de Tamar vimos que el abuso sexual puede ocurrir en hogares de líderes piadosos y en hogares donde se expresa el amor. Muchos de ustedes, estoy segura, han leído historias en los medios de comunicación como para darse cuenta de que no hay familia exenta de abuso. El abuso sexual ha sucedido en las casas de los ricos tanto como de los pobres, de los que tienen grados universitarios como de los que no han estudiado, de los famosos como también de los que nadie conoce, de los poderosos como también de los que no tienen poder. Considere esto a continuación:

«*Nosotros éramos más pobres que los ratones de iglesia y vivíamos en la peor zona de la ciudad. Mi padre era alcohólico y lo conocían como el borracho de la ciudad. Creo que toda la ciudad sabía que "usaba" a sus hijas*».

«*Mi tío era pastor. Todo el mundo lo quería y nadie pensaba que podía hacer algo malo. Tenía una personalidad muy carismática y a la gente le encantaban sus sermones. Nadie en la ciudad escucharía, menos aun creería, algo malo de él. Cuando tenía unos cinco años de edad comenzó a tocarme de manera inapropiada. Más tarde, tuvo relaciones sexuales conmigo. Solía reírse cuando decía que lo iba a contar. "Nadie te va a creer, muchacha. Adelante y trata de hacerlo"*».

Si nosotros pusiéramos de pie a estos dos hombres uno al lado del otro, el borracho de la ciudad y el amado pastor, y le pidiéramos a la gente que predijera cuál era un abusador sexual, la mayoría señalarían al primero y tendrían mucha dificultad para creerlo del segundo. La característica más constante y aterradora de los perpetradores, según el testimonio de las víctimas y los psicólogos, es su aparente normalidad. Esto también es cierto en cuanto a las familias en que ocurre el abuso sexual. Podemos señalar algunos patrones, pero no hay manera de formar un cuadro claro de en qué familias es posible que ocurra el abuso sexual. Esto es algo que perturba a muchas personas. Sería mucho más alentador si lográramos reconocer con facilidad tanto a las personas que perpetran el abuso sexual como a las familias abusivas. El hecho de que no lo podemos hacer quiere decir que es posible que ocurra en cualquier lugar, lo cual es de hecho el caso.

Consideremos dos categorías de familias: las que son saludables, es decir, las que marchan de acuerdo con las normas de conducta, y las que no lo son, a las que llamaremos no saludables.

FAMILIAS SALUDABLES CONTRA FAMILIAS NO SALUDABLES

¿Qué distingue a las familias saludables de las no saludables? Las familias saludables respetan la individualidad de un niño y su desarrollo, se preocupan por el bienestar del niño y establecen reglas apropiadas de acuerdo con la edad, así como también expectativas, dentro de las cuales se le enseña al niño a actuar. Estas reglas y expectativas son un tanto flexibles y cambian a medida que el niño madura. Una familia saludable opera en un lugar entre descuidar y maltratar a un niño en un extremo, y protegerlo en exceso e inmiscuirse en todo en el otro extremo. En otras palabras, enseñan y protegen sin extralimitarse ni ser asfixiante. Hay flexibilidad e independencia sin haber descuido o abuso.

Una familia no saludable muestra poco o nada de respeto o empatía hacia un niño en crecimiento. Se destruye la individualidad del niño. Las reglas y las expectativas son irrazonables y no se relacionan al estado de desarrollo del niño; por ejemplo, se espera que un niño de cinco años le prepare el desayuno todos los días para la familia. Las reglas y expectativas de los padres se aplican en forma imprevisible; lo que es bueno un día es malo el siguiente. La familia se caracteriza por las críticas y el rechazo. La enseñanza y la crianza amorosa no existen. Los errores dan paso al ridículo, el rechazo y el castigo duro. La familia puede ser protectora en exceso e impertinente o abandonada y abusiva.

ALGUNAS CARACTERÍSTICAS DE LAS FAMILIAS ABUSIVAS

Obtenemos algunas vislumbres de lo que es una familia de comportamiento abusivo al escuchar a los sobrevivientes describir a sus familias:

> «Mi madre tenía arranques de rabia dirigidos a mi papá o a nosotros. Todo el vecindario la podía oír. Gritaba y maldecía hasta que quedaba extenuada. Entonces papá le pegaba o la agarraba del cuello para hacerla callar. Yo siempre tenía sentimientos de terror y pánico. El corazón me latía muy fuerte. Las noches eran lo peor».

> «Mi primo me violó. Yo traté de decírselo a mi madre. Nosotros éramos "la familia ideal" y mi

madre se sentía muy preocupada sobre cómo nos veríamos ante los demás. Cuando traté de hablarle sobre el abuso, se disgustó mucho. "Los vecinos van a pensar que somos basura si te oyen hablar así. No quiero escuchar nada de eso de nuevo"».

«Mi padre era diácono en la iglesia. Tenía mucho dinero. El pastor siempre lo trataba de forma especial. Papá nos hacía sentar en la primera fila todos los domingos. Las otras personas en la iglesia nunca supieron lo que me hizo a mí y a mi hermanita menor».

«Recuerdo que pensé matar a mi padrastro. Con todas las armas que había en nuestro hogar, sabía cómo lo iba a hacer. Era un hombre horrible, me daba miedo, era muy malo. Siempre nos estaba aterrorizando, disparando sus armas, gritándonos. Yo lo odiaba».

«Mi abuelo me manoseaba. Siempre hacía que yo me acostara con él y me acariciaba. Era callado y gentil. Todos lo queríamos mucho, y todos sabíamos que era un poco "extraño" algunas veces. No era nada del otro mundo».

Es obvio que las familias en las que ocurre el abuso sexual pueden parecer diferentes las unas de las otras. Al mismo tiempo, vemos ciertas características que a menudo están presentes en familias donde ocurre el abuso sexual o en las que no se responde al abuso cuando lo lleva a cabo alguien fuera de la familia. A medida que hablamos de estas características, piense con detenimiento en las dinámicas en su propia familia.

Las familias en las que ocurre el abuso a menudo tienen múltiples problemas. Estos problemas quizá sean tan variados como el alcoholismo u otras adicciones; secretos familiares y fuertes tendencias de negación; problemas en cuanto a los límites; papeles rígidos; abandono; y caos interior. En estas familias, la lealtad familiar es fuerte y la vergüenza y la humillación son muy profundas. Los secretos se guardan con intensidad. A cualquiera que habla fuera de la familia se le castiga o repudia. A menudo estos patrones se ven a través de varias generaciones. Por ejemplo, en algunas familias, el padre, el abuelo y el bisabuelo eran alcohólicos. O una familia puede incluir varias generaciones de mujeres que se han hecho abortos o que han tenidos hijos sin casarse. O el abuso sexual puede ser parte de una familia por varias generaciones.

Las familias en las que ocurre el abuso son a menudo rígidas en sus patrones relacionales. A nadie se le permite ser diferente. El castigo es severo por no estar de acuerdo o por ser independiente. Se desaprueban los contactos externos, lo cual mantiene a la familia aislada. Cualquier persona que no esté emparentada se ve como sospechosa. La rigidez también se muestra en las definiciones de los papeles. Las niñas y las mujeres solo sirven para ciertas cosas. Los niños y los hombres sirven también para otras cosas. A cada niña hay que enseñarle cuál es «su lugar».

Las familias en las que ocurre el abuso están confundidas en cuanto a los papeles individuales. Se espera que los hijos suplan las necesidades de los padres en vez de ser lo opuesto. Como dijo un sobreviviente: «En nuestro hogar todo giraba en torno a mamá y a lo que ella quería. No había lugar ni tiempo para nadie más». En esas familias, los hijos cuidan a los padres y a menudo también a otros niños. Una mujer habló en cuanto a tener que cocinar para toda la familia cuando todavía era muy pequeña como para ver por encima de los mostradores de la cocina. Otros sobrevivientes hablan de que se les dijo que su nuevo hermanito o hermanita era de ellos para que lo cuidaran (cuando ellos mismos tenían cuatro o cinco años).

Las familias en las que ocurre el abuso envían mensajes destructivos. Algunos de esos mensajes son: «No pienses», «No hables», «No sientas». A otras familias las dominaban estas reglas y mensajes: «Siempre sé leal», «Siempre oculta», «Siempre haz que se vea bien». Los niños de esas familias tienen un alto riesgo de ser víctimas de abuso sexual dentro o fuera de la familia. A estos niños se les priva de atención y están desesperados por recibirla. Son vulnerables a cualquier adulto que les presta atención, aun cuando el abuso es lo que hay que soportar a cambio. Estos niños saben lo suficiente como para no arriesgarse a revelar. Los enseñaron a culparse a sí mismos. Es fácil para ellos odiarse a sí mismos. Estos niños aprendieron a adormecer sus sentimientos y a continuar como si nada horrible pasara. Estos niños solo hacen lo que reiteradas veces se les enseña a hacer. ¿No es eso lo que se supone que hagan los niños?

Es importante tratar de entender qué lecciones le ha enseñado su familia. ¿Cuáles son los mensajes que predominan? ¿Cuáles son las reglas habladas y las no habladas de su familia? ¿Qué patrones se repiten en su vida adulta? ¿Qué reglas teme romper? Escriba sus respuestas a estas preguntas en su cuaderno. Ninguno de nosotros solo aprende cosas buenas en nuestras familias; todos aprendimos cosas malas también. Sin embargo, es importante que expresemos lo que aprendimos a fin de comenzar a considerar si lo que nos enseñaron es la verdad o no. Hasta que no declare lo que sabe, no logrará averiguar qué es mentira y qué es verdad. Y mientras tanto las mentiras permanezcan ocultas, ejercerán una influencia poderosa en su vida.

12

Una mirada entre bastidores

Ya sabe, por experiencia propia y por leer hasta este punto, que las cosas no siempre son lo que parecen. También sabe que las cosas no siempre son lo que la gente dice. La gente llama bueno a lo malo; dulce a lo amargo. Muchos sobrevivientes son conscientes de la diferencia entre lo que pasó entre bastidores en sus vidas y la forma en que sus vidas les parecen a otras personas. Escuchen las voces de los sobrevivientes:

> «Nuestra familia era la imagen de la respetabilidad. Algo como cuando uno encuentra una bonita piedra blanca. Se ve muy hermosa, pero cuando la levanta, encuentra algo muerto debajo de ella».

> «Siempre nos sentamos en la primera fila en la iglesia. Nadie jamás supo el horror que sucedía en nuestro hogar».

> «Mi tío era pastor. Todos los amaban y nadie pensaba que hiciera algo malo. Si solo hubieran sabido».

> «Era una niña en las manos de un adulto tres veces más grande que yo. ¿Qué podía hacer? Me sentía paralizada. Él representaba la fuerza, las buenas normas morales y los privilegios. Yo tenía mucha confusión en mi mente por la obvia maldad de lo que ocurría y la obvia rectitud (en mi mente de niña) del perpetrador».

LAS APARIENCIAS Y LA REALIDAD

La diferencia entre las apariencias y la realidad solo existe porque otros no sabían o no querían saber lo que le sucedía a usted, pero también porque practicó el fingimiento. No solo creció bajo circunstancias similares a las de aquellos que mencioné antes en este capítulo, sino que también ha practicado el fingimiento. Algunos de ustedes se han lavado después del abuso y han continuado con las actividades del día como si nada hubiera pasado. Lo violaron y se ha sentado a la mesa para cenar. Fue a la iglesia e hizo su parte. Muchos de ustedes lo continúan haciendo hoy en día. Sus recuerdos los atormentan. Sus noches son espantosas. Se odia a sí mismo. Sin embargo, si otras personas lo describieran, dirían que es una persona normal, competente y de éxito. No tienen ni idea de la realidad de su historia ni de su vida actual.

Pues bien, no sugiero que no debería haber ocultado lo sucedido ni que debe decírselo ahora al mundo. Muchos de ustedes lo ocultaron de niños porque, a decir verdad, sus vidas estaban en la balanza. Otros escondieron la realidad por cualquiera de cien razones, miedo, sentimientos de ser despreciables, de no tener valor, el hecho de que nadie escuchó cuando trataron de hablar. Muchos guardan silencio porque temen las reacciones de otras personas y no conocen ningún lugar seguro para decirlo. Entiendo todo eso. Y no quisiera que usted hablara del abuso sexual en ningún otro lugar que no fuera en una relación segura.

Lo que quiero decir es solo esto: Las apariencias externas son eso y nada más, externas. Las apariencias seducen con facilidad a los seres humanos. Cuando algo parece bueno, lo queremos. Muchas veces no nos detenemos a preguntar si en realidad es bueno en el verdadero sentido de la palabra. Las familias *parecen* saludables, así que suponemos que es así. La gente por lo general se escandaliza cuando escucha que existe maltrato físico o abuso sexual en los hogares de los que «parecen» buenos. ¿Quién lo hubiera creído?

EL MAL QUE EXISTE ENTRE BASTIDORES EN EL ABUSO SEXUAL

No mucha gente diría que el abuso sexual de un niño es algo bueno (aunque unos pocos sí). El abuso sexual es un crimen en nuestro país. Cuando nos enteramos de que está ocurriendo, decimos que es malo. Esto es verdad y está bien, pero si nos detenemos allí, todavía lo enfrentamos a un nivel muy elemental. Demos un paso atrás y miremos el cuadro completo, miremos entre bastidores a la fuente del mal del abuso sexual.

Uno de los resultados más viles del abuso sexual es que engaña y confunde a sus víctimas, así como a los perpetradores o testigos silenciosos. Amortigua la habilidad de discernir el bien del mal. Confunde la mente de modo que la verdad y la mentira se mezclan. Los tentáculos de sus mentiras se extienden a través de generaciones.

Las Escrituras nos dicen que Dios nos llamó a la verdad. Él es verdad y nosotros debemos buscar la verdad. A todos nos han enseñado, en forma directa o indirecta, cosas que han estado entrelazadas con mentiras. Vivimos nuestras vidas basados en esas mentiras hasta que Dios usa algún medio para exponerlas y enseñarnos su verdad. Si ha crecido en un hogar o en un sistema familiar lleno de mentiras y engaño, es probable que el impacto fuera profundo.

La Biblia también nos dice que Dios es luz. El resultado de su luz en nuestras vidas es bondad, justicia y verdad (Efesios 5:8-9). Cualquier cosa, no importa dónde la encontremos, que no lleve tal fruto, no es de Dios. Más importante aun, las mentiras, el engaño y el mal no nos llegan de personas que «no lo pudieron evitar», o «no sabían la diferencia», o «no nos quisieron herir», o «estaban un poco ebrias», o cualquier otra cosa que decidamos llamarlo. Jesús nos dice que las mentiras, el engaño y el mal nos llegan del enemigo de nuestras almas, el padre de mentiras. Escuchen lo que dice Jesús en cuanto a este engañador: «Desde el principio este [el diablo] ha sido un asesino, y no se mantiene en la verdad, porque no hay verdad en él. Cuando miente, expresa su propia naturaleza, porque es un mentiroso. ¡Es el padre de la mentira!» (Juan 8:44).

Exploremos lo que dice este versículo como una forma de entender el impacto del abuso sexual. En este pasaje, Jesús les habla a los líderes religiosos. En lo exterior, estos líderes parecían ser «personas buenas». Pertenecían a la nación de Dios (Israel) y eran la elite dentro de la nación. Tenían los genes adecuados y los trabajos convenientes. Seguían las reglas con diligencia. Sin embargo, Jesús dice que el padre de ellos era el mismo diablo.

Entonces Jesús continúa describiendo cómo estos líderes siguen al padre de mentiras. En primer lugar, dice que «quieren cumplir» los deseos del diablo. En otras palabras, hacen lo que le agrada a Satanás o lo que está de acuerdo con lo que quiere, y a Satanás lo rigen sus lujurias. En otras palabras, estos son hombres que hacen lo que quieren. A la inversa, no hacen lo que le agrada a Dios (aunque aparentan hacerlo). Tenga presente a medida que avanzamos que estos hombres se veían muy bien ante los demás. La gente les rendía honor a estos líderes. Los consideraban como las personas que estaban cerca de Dios.

En segundo lugar, Jesús dice que el padre de ellos desde el principio ha sido un asesino. Literalmente, la palabra traducida «asesino» quiere decir «quitarle la vida a alguien». El fruto de las acciones del enemigo es la muerte.

En el umbral de la esperanza

Destruye la vida. Lleva la muerte a donde va. Las cosas que producen muerte, en vez de producir vida, vienen del enemigo de nuestras almas, no importa lo que parezca ni cómo se nos presenten.

En tercer lugar, Jesús dice que nuestro enemigo es un mentiroso y el padre de toda mentira. Ser el padre de algo es ser el lugar de origen, su autor. Eso quiere decir que las mentiras, *cualquier* mentira, vienen del mismo Satanás, de nuevo, sin importar lo irracional, convincente ni buena que parezca. Se nos dice que no se mantiene en la verdad porque *no hay verdad en él*. Es un engañador y trabaja muy duro para hacer que las mentiras se vean bien y suenen bien. Sin embargo, *nada* de lo que viene de él es verdad.

Ahora veamos lo que tenemos: lujuria, muerte (destrucción de la vida) y mentiras. ¿No son estos los componentes básicos del abuso sexual? Y cualquier víctima de abuso o asalto, ¿no la domina la lujuria de otro, ya sea la codicia por poder, la codicia por sentirse adecuado, o la codicia por desahogarse de la ira a expensas de otra persona? ¿Y no han experimentado la destrucción de la vida de alguna forma las víctimas de abuso sexual? El abuso sexual ataca a su persona, su fe, su seguridad, su mundo y su esperanza. ¿Y no distorsiona el abuso sexual la mente con mentiras a fin de que la verdad se vea como algo malo o irracional, y lo que es una mentira se vea como verdadero y bueno?

Para decirlo sin rodeos, la maldad del abuso sexual es el infierno en la tierra. Pelear contra los daños ocasionados por el abuso sexual es enfrentar las obras exteriores del infierno. Deshacer la destrucción del abuso sexual es exponer las mentiras y buscar la verdad. Tal obra involucra cambiar la muerte por la vida. Es una obra en la que intervienen la carne y la sangre, pero que en última instancia es una batalla contra los poderes de este mundo en tinieblas y contra las fuerzas espirituales del mal

(Efesios 6:12). Es una obra que algunas veces parecerá bordear el abismo del infierno.

LA BATALLA CONTRA EL MAL

¿Por qué es tan importante entender el mal que yace entre bastidores en el abuso sexual? Miremos cuatro motivos:

Primero, cualquiera de ustedes que haya luchado con los efectos secundarios del abuso sexual en su vida ha reconocido que es una batalla difícil. Tal vez la gente le diga: «Es algo del pasado. Olvídalo. Déjalo atrás». Es posible que usted también se diga tales cosas. Entonces descubre que es incapaz de olvidarlo, y se pregunta qué anda mal en usted. Bueno, la respuesta es que *nada* anda mal en usted. No puede tener la basura del enemigo en su vida y solo dejarla atrás y esperar que todo mejore. Pelear contra el enemigo de nuestras almas es una batalla. Y es dura. Es una pelea que no se lleva a cabo solo ni con rapidez. Nosotros que sabemos lo que la Palabra de Dios dice en cuanto al mal, a menudo somos muy ingenuos en cuanto a las consecuencias del mal en las vidas de las personas. Si la batalla contra los efectos secundarios del abuso sexual le parece dura, es porque lo es. Esta es solo la verdad del asunto.

Segundo, la batalla es, en parte, sobre la verdad. La verdad no es algo pequeño. Es un asunto crucial porque la verdad está en la base de quién es Dios. Todo lo que no es verdad no es de Dios. Eso quiere decir que cuando fingimos, minimizamos y negamos la verdad, no estamos en la luz. Sí, la luz expone. Y sí, eso puede ser muy doloroso y ocasionar trastornos. Sin embargo, alejarse de la verdad es alejarse de la luz. Parte de estar en la verdad es llamar a las cosas por sus debidos nombres. Eso quiere decir que el mal no es solo «un pequeño error», y que las mentiras no son «eludir». Las Escrituras nos dicen que la verdad es de Dios y nos hace libres. Eso no significa decir solo la verdad que es agradable o bonita. En los Evangelios, Jesús habló de toda clase de verdad que era desagradable y difícil de aceptar. Lo mataron por eso. No es algo que sea popular. Usted no se sanará del mal del abuso sexual fingiendo, negando o mintiendo acerca de él. No es posible.

Tercero, su niñez le enseñó lecciones sobre lo invisible. Conduce su vida como resultado de esas lecciones. Algunas de esas lecciones están llenas de mentiras, y usted termina atribuyéndole a Dios lo que se le debe atribuir a Satanás. Tal vez ha llegado a creer que no tiene valor, que es basura que no se puede redimir. Quizá crea que el carácter de Dios no es bueno, que no lo considera un tesoro, que no es alguien que dé seguridad. Las lecciones que aprendió le enseñaron sobre lo invisible, ¿pero *cuál* de los dos, el mal o la verdad? Es de vital importancia que los entienda como es debido.

Cuarto, la batalla es peor de lo que pensó que sería. Sí, tiene mucho más alcance de lo que entendió antes. Esta no es una simple batalla con sus sentimientos en cuanto a su padre, madre, abuelo, abuela, vecino, maestro, tío, tía, primo o hermano. No es una batalla consigo mismo y las cosas destructivas que tal vez hiciera para lidiar y sobrevivir. Sí, es una batalla con esas cosas. Sin embargo, también es una batalla con los poderes de las tinieblas y las fuerzas espirituales del mal. ¿Y quién es usted contra esas fuerzas? A decir verdad, nadie. Usted y yo somos demasiado pequeños para tal batalla. ¿Qué debe hacer?

Sin duda, la ayuda en el ámbito humano es tanto buena como necesaria. Necesita personas competentes y compasivas que caminen a su lado a medida que lucha con los asuntos resultantes del abuso sexual. No solo hace falta que sean personas que entiendan lo que el abuso sexual les hace a los individuos, sino que también es preciso que sean intercesoras. Usted necesita gente que ore por usted cuando no puede orar, que oren con usted cuando puede orar o quiere que ellos oren, y que sepan cómo clamarle a Dios cuando la lucha se ponga intensa. Sin embargo, aun eso no es suficiente. Usted también necesita un Campeón, un Defensor.

Unos pocos versículos en el libro de Isaías, capítulo 19, pintan una sorprendente figura de la entrada de ese Defensor en la devastación del abuso. Isaías 19:19-20 describe un altar que se levantaría a Dios dentro de las fronteras de Egipto, uno de los terribles opresores de Israel. Ese altar daría señal y testimonio de que quienes clamaron en voz alta y por mucho tiempo al Señor por causa de sus opresores serían rescatados porque Dios les enviaría un Salvador y Defensor (un Campeón). Piense en eso. Un altar para Dios levantado en territorio enemigo. ¡Que cuadro para los sobrevivientes!

Usted que fue víctima de abuso sexual vivió o conoce a un opresor. Su persona, su cuerpo se usó como territorio enemigo. Tal vez ha clamado en voz alta y por mucho tiempo pensando que el cielo guardaba silencio y no le importaba. No obstante, el cielo le envió un Salvador y un Defensor en la persona de Jesucristo. Él, a quien oprimieron y maltrataron, sabe lo que usted experimentó. Es lo bastante grande como para pelear contra los poderes de las fuerzas del mal. Es el que tiene un poder más grande que el enemigo. Es el Dador de la vida y la Fuente de la verdad.

Tal vez tenga preguntas en cuanto a su Defensor, a su Campeón, Jesucristo. Es probable que tenga poco o nada de entendimiento en cuanto a Él. Es más, quizá le tenga miedo. Usted puede hablar con sinceridad en cuanto a esas cosas. En medio de esas luchas, quiero que escuche con claridad de parte mía que yo lo conozco a Él. He visto su obra en las vidas de muchos sobrevivientes que una vez no tenían esperanza. Su poder redentor no puede medirse. ¿Quién más es capaz de hacer que la muerte traiga vida? Jesús, su Redentor, habla la verdad. Usted puede confiar en su voz. Su Palabra es verdad. Él es, en su persona, la verdad que enseña. Llama al abuso sexual mal. Permitió que lo trataran de maneras abusivas, y se sometió a la muerte a fin de que supiera y entendiera. No cabe duda, la batalla es enorme. Sí, la obra de la sanidad es dolorosa. Aun así, su Redentor está aquí y está obrando.

Tercera parte

¿Qué se dañó con el abuso?

A MEDIDA que avanzamos por la tercera parte, consideraremos varias esferas de la identidad y lo que se ha dañado a causa del abuso sexual: su cuerpo, sus emociones, su manera de pensar, sus relaciones y su espíritu. Mucho de esto será doloroso de leer, y le recuerdo que se cuide durante el proceso. Cada paso de cuidarse a sí mismo, como por ejemplo escuchar cuando ha tenido suficiente, es en realidad un paso hacia la sanidad. También quiero asegurarle que no va a estar solo con una mirada al daño que se ha hecho porque también vamos a considerar cómo puede verse la sanidad en cada una de estas esferas (cuarta parte). Si leer esta sección sobre el daño le parece sobrecogedor, tal vez sería mejor que alternara, por ejemplo, entre el capítulo sobre el daño hecho a su cuerpo (capítulo 13) y el capítulo sobre la sanidad para su cuerpo (capítulo 18), más bien que leer todos los capítulos sobre el daño y luego los capítulos sobre la sanidad juntos. Haga lo que es mejor para usted.

También quiero animarlo a que tenga con usted su cuaderno a medida que lee estos capítulos. Escriba las respuestas que tiene. Haga palabras algunos de sus pensamientos y sentimientos. Tome tiempo para contestar algunas de las preguntas que se presentaron en los capítulos. Si tiene una persona con la cual puede comentar sus perspectivas y sentimientos, comience a hablar sobre ellos con esa persona. Haga palabras lo que está aprendiendo.

13

El abuso dañó su cuerpo

El abuso sexual dañó su cuerpo, así como la manera en que se siente en cuanto a su cuerpo. En este capítulo vamos a observar lo que significa vivir en nuestros cuerpos la vergüenza y la traición que experimenta a causa del abuso sexual, y algunas de las mentiras que es posible que llegara a creer sobre su cuerpo. Sin embargo, escuche antes las voces de estos sobrevivientes:

«¿Sabe alguien lo que es ser querido solo por las partes de su cuerpo? Su mente, su corazón, sus habilidades, sus intereses no tienen importancia. Aun su cuerpo como un todo no es importante. Solo algunas partes específicas tienen importancia. Eso es lo que usted es».

«He odiado y destrozado mi cuerpo. Los impulsos para atacarlo son feroces. Es mi enemigo. Si no hubiera sido por mi cuerpo, hubiera estado a salvo».

«Nadie me quiere excepto para relaciones sexuales. Hombres, mujeres, no tiene importancia. No sé lo que estoy haciendo. No sé por qué creen que es todo lo que quiero. No sé si tengo una mente decente. Solo sé que cuando la gente me conoce, cree que estoy allí para que me usen. Nunca digo que no».

«Me veo como llamada a servir a los hombres. La ternura, el toque, la compasión, nunca han existido en mi vida. Nunca me han abrazado,

tomado en brazos ni besado excepto en el contexto del abuso».

¿QUÉ QUIERE DECIR VIVIR EN SU CUERPO?

El abuso sexual daña su cuerpo y la manera en que piensa de él. El cuerpo, entonces, es una esfera en la que debe ocurrir sanidad. A fin de que entienda mejor el daño, consideremos algunos aspectos de lo que significa vivir en un cuerpo.

Su cuerpo es permanente. Nace con su cuerpo y muere con su cuerpo. Lo lleva a todos los lugares a los que va. No lo puede cambiar por otro, como lo hace con la ropa, una casa o inclusive una relación. Su cuerpo es una parte permanente de su vida temporal. Mientras exista en esta tierra, usted existe en su cuerpo particular. Es algo de lo que no se escapa.

Estar en un cuerpo que odia o teme es en verdad un tormento. Vivir en un cuerpo que cree que lo ha traicionado y continúa haciéndolo es aterrador. Vivir en un cuerpo que le trae recuerdos que le gustaría olvidar es sentirse terriblemente atrapado. Estar entrelazado de modo inextricable a lo que cree ser su mayor enemigo es un lugar de horror para muchos hombres y mujeres.

Su cuerpo le da un sentido de espacio. Vivir en un cuerpo también significa tener un sentido de espacio. En lo físico sabe dónde termina y dónde comienza otra persona. Si observa a los bebés, aprenderá cómo aprenden en cuanto al espacio del cuerpo. Cuando los bebés descubren los dedos de los pies, no tienen un conocimiento aparente de que esos dedos están unidos a su propio cuerpo y que pueden moverlos según quieran. Al principio, los bebés se sorprenden y se sienten encantados cuando los dedos de los pies aparecen en el horizonte. Si esos niños se desarrollan en un ambiente sano, se les enseñará que sus cuerpos les pertenecen a ellos, y que ciertas partes de su cuerpo no deben tocarlas la mayor parte de la gente, y que tienen el derecho y la responsabilidad de decir no.

Los bebés tienen un conocimiento muy rudimentario de sus cuerpos. Si esto es cierto, ¿qué cree que les sucede a los niños que crecen teniendo otras personas que les usan o les mandan sus cuerpos? ¿Dónde estará su sentido de espacio? ¿Cómo aprenderán estos niños que hay líneas que otras personas no deben cruzar y que si lo intentan hacer la respuesta apropiada es no?

La invasión al espacio del cuerpo es más amplia que el toque. Por cierto que cuando un adulto manosea las partes genitales de un niño o tiene relaciones sexuales con él, es una intrusión masiva de espacio. Sin embargo, la invasión también puede ocurrir de maneras más sutiles. Los niños crecen en casas sin puertas. Otros entran y salen según quieran. Los adultos llevan a cabo actos sexuales delante de los niños o se exponen a sí mismos de maneras que enseñan que el espacio del cuerpo no existe. La vida privada y el respeto están ausentes por completo.

Si los niños crecen en un ambiente así, ¿qué cree que pasa años más tarde cuando alguien intenta algo sexual? Estos niños no tienen de pronto conciencia del espacio, no entienden que tienen el derecho y la responsabilidad de decir no. Las lecciones que estos niños aprendieron temprano están arraigadas en lo más profundo. Dan por sentado que el espacio que habitan sus cuerpos es propiedad pública donde se permite o se fomenta la entrada ilegal.

Usted es el dueño de su cuerpo. Si usted u otras personas no reconocen el espacio de su cuerpo, no va a desarrollar un sentido de propiedad. No va a creer que su cuerpo es suyo para toda la vida y que necesita cuidarlo bien. Si su espacio se viola de forma continua, no va a tener un sentido de elección en cuanto a lo que le sucede a su cuerpo. Es probable que desarrolle una actitud de soportar que enseñe a encontrar una forma, cualquiera que sea, de sobrevivir a lo que ocurre. Es difícil cuidar un cuerpo con el que se siente tan desconectado.

Escuche cómo describen estos sobrevivientes la manera en que se sienten en cuanto a sus cuerpos debido a lo que les sucedió:

«*Desde que tengo memoria, mi padre me observaba mientras me vestía y me desvestía. No había puertas en nuestra casa. Él se paraba en la entrada de mi dormitorio, apoyado en la puerta, y me observaba. Si trataba de esconderme u ocultarme de cualquier forma, me castigaban. "¿Quién crees que eres al esconderte así? ¿Te crees la prima donna? Tú me perteneces y vas a hacer lo que yo diga"*».

«*Pasé toda mi niñez tratando de encontrar maneras de mantener mi cuerpo a salvo. Me acostaba a dormir envuelta por completo en mis frazadas, como una momia, esperando que mi padre me dejara en paz. Nunca lo hizo. Vendría y se reiría, diciéndome que nada de lo que pusiera a prueba me iba a dar resultado, que yo le pertenecía, y que si él quería, me tendría*».

«*Todavía encuentro difícil sentir cuando la gente me toca. Pasé muchos años tratando de no experimentar ninguna sensación en mi cuerpo. Algunas veces de pronto me doy cuenta de que alguien tiene su mano sobre mi brazo y no sé cuándo la pusieron allí*».

«*He tenido que luchar mucho para permitir que alguien me toque. Incluso un apretón de* manos era algo que me aterrorizaba. Nunca me habían tocado de una forma que no me dañara. Permitir que alguien me tocara significaba que sería herida. ¿Por qué querría hacerlo? Todavía recuerdo la primera vez que alguien puso su brazo alrededor de mis hombros y en verdad me sentí bien».

VERGÜENZA Y TRAICIÓN

No es muy difícil ver cómo el abuso logra llevar a la promiscuidad, a la pasividad y al daño propio. Pensar que lo único para lo que sirve es para tener relaciones sexuales, pensar que no tiene derecho sobre su propio cuerpo y odiar su cuerpo con pasión son resultados frecuentes del abuso sexual. Al trabajar con sobrevivientes noto que dos cosas parecen alimentar estos sentimientos. Una de ellas es un sentido profundo de vergüenza. La segunda es un sentimiento de traición de parte de los que abusaron de usted y también de su cuerpo.

La vergüenza es un sentimiento doloroso que parece invadir el sentido de identidad de un sobreviviente. Tendemos a sentir vergüenza cuando hacemos algo que no es honorable o cuando alguien nos hace algo que no es digno. Si piensa en su propio abuso, sospecho que recuerda el sentimiento de humillación y degradación por lo que pasó. Los sobrevivientes me dicen a menudo que se sienten como si los arrojaran a la «basura». Tienen un sentido de pérdida de la dignidad y falta de respeto de sí mismos. No es un salto muy grande el verse a sí mismo como si lo arrojaran a la basura a verse como basura en sí. Sentirse de esa manera en cuanto al cuerpo con el que debe vivir es un dilema terrible. La cosa con la que no quiere tener nada que ver es algo de lo que no puede escapar.

Cuando sentimos vergüenza, queremos escondernos. ¿Cómo se esconde de su propio cuerpo?

La traición es el segundo sentimiento que tienen muchos sobrevivientes. Si el abusador es alguien que estimaba que le proveería seguridad y que lo cuidaría (por ejemplo, los padres, una niñera o un maestro), el abuso lo dejará siéndose engañado y desorientado. Estas personas no fueron fieles al papel particular que se suponía que debían tener en su vida. Tal vez experimente un profundo sentido de traición de las personas que fueron testigos silenciosos del abuso: un padre o una madre que sabía lo del abuso y no hizo nada, un espectador que observó mientras la violaban, cualquier persona que era consciente y solo cambió la vista.

Muchos sobrevivientes también se sienten traicionados por sus propios cuerpos. La intensidad de sentimiento que rodea a este sentido de traición es muy poderosa. Muchos de ustedes se sienten traicionados por un cuerpo que de alguna forma siente como que «ha invitado» el abuso, por un cuerpo que se siente como que «ha seducido» sin su permiso. Se siente como si su cuerpo hubiera sido rotulado de alguna manera que permitió o aun invitó lo que usted odió. Llega a sentir que quizá su cuerpo estaba en lo cierto. Piensa que a lo mejor quería en verdad el abuso y que no lo sabía, o que tal vez su cuerpo sabía que lo único para lo que servía era para tener relaciones sexuales. De alguna forma su cuerpo fue a lugares que usted no quería ir. Es como si su cuerpo le fuera infiel a su persona.

Este sentido de traición se intensifica aun más cuando los sobrevivientes sienten alguna clase de placer mientras reciben el abuso. Tal vez creció anhelando que la acariciaran y la única vez que experimentó cierta clase de toque fue durante el abuso. Anhelaba el toque y se siente traicionada por ese anhelo, creyendo que significa que quería el abuso. Algunas de ustedes experimentaron orgasmos durante el abuso y la humillación se siente insoportable. ¿Cómo su cuerpo le hizo semejante cosa? El orgasmo se sintió bien; ¿quiere decir eso que disfrutó del abuso? Su cuerpo se ha convertido en algo tremendamente confuso. Siente su cuerpo como el enemigo principal. Tal vez el abusador supo que sintió placer y usó la información para confirmar sus juicios sobre usted: «Te dije que lo pediste. Te dije que esto es para lo que tú sirves».

Escuche a estos sobrevivientes expresar el impacto de la vergüenza y la traición de sus cuerpos:

> «Comencé a odiar, no solo a mi padre, a mi madre y a mi vida, sino también a mi cuerpo. Era el cuerpo más feo que podía tener una muchacha. Traté de pasarlo por alto. ¿Quién me culparía? Hice que mi cuerpo trabajara duro. Solía golpearme con ramas o palos y me daba puñetazos a mí misma. Sabía que era mala y que debía recibir castigo. Dejaba que las hormigas me picaran. Solía aguantar la respiración esperando poder retenerla hasta morir. También me acostaba en la bañera debajo del agua y trataba de desmayarme. Me pellizcaba mis partes privadas hasta que lloraba».

> «Aprendí bien. Tenía relaciones sexuales con tantos hombres como podía. Conocía a algunos de ellos, pero otros eran extraños. Me odiaba, pero no podía parar. Nunca sentí nada bueno excepto una vez. Ninguno de ellos me amó ni me deseó a mí, ni a mis pensamientos. Lo que querían era acostarse conmigo. Eso era, después de todo, para lo que yo servía».

«*Yo solía ponerme en situaciones peligrosas con hombres que abusarían de mí en lo sexual. Algunas veces preparaba las cosas para que me hirieran de nuevo. Solo quería cierta clase de afecto, aun si era horrible. Estaba hambrienta de que alguien me tocara. Toleraba la humillación, el temor y el dolor a cambio del afecto y la atención. Cuando un hombre ponía sus dedos dentro de mí, me masturbaba o me hacía que le hiciera algo a él, trataba de encontrar alguna manera de que me abrazara o me tocara de forma agradable. Siempre quería que me abrazara, aunque fuera por un segundo. Después, mientras me lavaba, pasaba por alto el dolor entre las piernas y la vergüenza y el temor que sentía porque todavía podía sentir su brazo alrededor de mi hombro*».

«*Pasé largos años odiando mi cuerpo. Años que se volvieron amarillos al igual que una hoja de papel, hecha jirones en los márgenes. Fue mi cuerpo el que me traicionó, mi cuerpo el que hizo que me trataran de esa forma. Necesitaba que me castigaran, merecía morir. Decidí que mi cuerpo no era en realidad yo*».

Escrito por Lynn Brookside

MENTIRAS ACERCA DE SU CUERPO

Dos cosas sobre la relación con nuestro cuerpo se afectan en lo más profundo con el abuso sexual: Aprendemos cómo pensar en relación a nuestros cuerpos, y aprendemos cómo cuidarlos. Cuando la manera de pensar y cuidar nuestros cuerpos se daña y está llena de mentiras, casi siempre demostramos alguna clase de indicación del abuso en la forma en que manejamos nuestros cuerpos. Piense junto a mí con detenimiento en las siguientes mentiras a fin de que logremos comenzar a entender su relación con su cuerpo.

Mentira #1: Usted es solo un cuerpo y nada más. Algunas de ustedes se han creído la mentira de que su valor reside en su cuerpo. Usted se concentra mucho en su apariencia. Su energía se consume cuidándose el peso, haciendo ejercicio en forma obsesiva y controlando su apariencia. Cree que su único valor está en su cuerpo físico, entonces es mejor que sea bueno. Si no lo es, no vale nada.

Mentira #2: Su cuerpo es el enemigo. Algunas han creído la mentira de que su cuerpo es odioso y que lo único que merece es castigo. Lo magulla, lo corta, lo quema o lo daña con adicciones. Lo odia. Es feo y quiere destruirlo. Si no se destruye al enemigo, puede traicionarla de nuevo.

Mentira #3: Su cuerpo es basura inservible. Algunas de ustedes han creído la mentira que su cuerpo no tiene valor. Quieren con desesperación que se vaya y las deje tranquilas. Lo descuidan, olvidan alimentarlo o lo alimentan demasiado. Se niegan a mirarse al espejo porque les recuerdan la existencia de su cuerpo. No quieren lavarlo ni vestirlo. Han dominado la habilidad de sentirse «fuera del cuerpo» porque esa es exactamente la forma en que prefieren vivir. Su cuerpo no merece su cuidado, y aun si lo mereciera, no saben lo que significa cuidar su cuerpo.

Mentira #4: Su sexo es el problema. Algunos de ustedes creen que si dejaran de ser mujer u hombre, estarían a salvo. O bien manejan su cuerpo tratando de ser otro del que es o intentan ser asexual, ocultando o desconociendo de algún modo su género. Creen que solo las personas que tienen género son víctimas de abuso; por lo tanto, es mejor no tener género.

Es comprensible que se crea tales mentiras. Si la gente lo trató como si fuera invisible excepto para las relaciones sexuales, por supuesto que daría por sentado que sus valores residen en su cuerpo. Si le dijeron que era basura y que de alguna forma su cuerpo «hizo» que ocurriera el abuso, vería sin duda que su cuerpo es el enemigo, algo que se debe castigar.

Vivir en un cuerpo que lo único que siente es dolor es querer escapar de ese cuerpo. Aun así, dado que no es posible que deje atrás su cuerpo, ha aprendido a vivir como si estuviera fuera de su cuerpo, a fin de no sentir el dolor. Es fácil creer que si vivir en su cuerpo causa dolor, vivir fuera de su cuerpo debería ponerlo a salvo. Y, por supuesto, es cierto que solo las personas son víctimas de abuso según el sexo. No es verdad, sin embargo, que aparentar ser del sexo opuesto o asexual va a impedir el abuso.

LA VERDAD EN CUANTO A SU CUERPO

Así que, ¿cuál es la verdad en cuanto a su cuerpo? Si su cuerpo no es el único valor que tiene, si no es basura ni algo que se pueda desechar, ¿qué es? ¿Cómo logra vivir en un cuerpo que siempre ha odiado o al que le teme? No es una tarea fácil. Cuanto más crónico fue su abuso y cuanto más temprano comenzó, más difícil será la tarea de desarrollar una nueva relación con su cuerpo. Note que no he dicho que la tarea es imposible; solo he dicho que va a ser difícil.

Examinemos algunas verdades acerca de su cuerpo, teniendo en mente que esta no es una lista completa y que no hará que en forma automática su relación con su cuerpo sea mejor. Le dará un lugar para comenzar, pero esto es trabajo que la mayoría tendrá que realizar en el contexto de una relación segura con alguien que comprende estos asuntos.

Verdad #1: Dios hizo su cuerpo y dijo que era bueno. El salmista dice: «Tú creaste mis entrañas; me formaste en el vientre de mi madre. ¡Te alabo porque soy una creación admirable! *¡Tus obras son maravillosas,* y esto lo sé muy bien!» (Salmo 139:13-14, énfasis añadido).

Verdad #2: Dios escogió vivir en un cuerpo. Dios mismo transigió a vivir en un cuerpo físico. Jesucristo vino en carne y en su cuerpo nos demostró el carácter de Dios mismo. ¡Ningún cumplido más alto se le ha hecho jamás al cuerpo humano!

Verdad #3: Dios está dispuesto a vivir en el cuerpo de usted. Dios nos dice que cuando aceptamos a Cristo como nuestro Salvador, Él vendrá y vivirá en nuestro cuerpo, haciéndolo su templo. El único requisito para su presencia en nuestro cuerpo es que le pertenezcamos a Cristo. El apóstol Pablo nos recuerda: «¿Acaso no saben que su cuerpo es templo del Espíritu Santo, quien está en ustedes y al que han recibido de parte de Dios? Ustedes no son sus propios dueños; fueron comprados por un precio. Por tanto, honren con su cuerpo a Dios» (1 Corintios 6:19-20).

En resumen, Dios dice que creó su cuerpo, que estuvo dispuesto a tomar un cuerpo físico y que está dispuesto a residir en el cuerpo de usted. ¿Qué le hace el abuso sexual a esas verdades? ¿Hace el abuso sexual que la Palabra de Dios no tenga significado? Si fuera así, ninguno de nosotros estaría a salvo. Todos nos tendríamos que preocupar si nos ha sucedido algo o si hemos hecho algo que cancele la Palabra de Dios.

LA VERDAD EN CUANTO A LO QUE DIOS DICE SOBRE EL ABUSO SEXUAL

Miremos la Palabra de Dios para analizar si nos ayuda a entender si nuestros cuerpos tienen la culpa del abuso sexual. Jesús dijo: «*Porque del corazón* salen los malos pensamientos, los homicidios, los adulterios, la inmoralidad sexual, los robos, los falsos testimonios y las calumnias. Estas son las cosas que contaminan a la persona» (Mateo 15:19-20, énfasis añadido). El abuso involucra pensamientos malos, inmoralidad, robo y falso testimonio. Jesús dice que estas cosas provienen del corazón del que las hace, *no* del cuerpo al cual se les hacen. La verdad es que las cosas que vinieron del corazón del abusador eran las cosas que lo hicieron impuro. El abuso no provino de usted y no lo convierte en sucio.

Si el abuso ocurrió cuando era un niño, es muy fácil que crea que tuvo la culpa. Los niños son egocéntricos. Es por eso que asumen la responsabilidad cuando muere uno de los padres, o cuando ocurre un divorcio. Se dotan a sí mismos de poderes por cosas sobre las que no tienen control ni responsabilidad. Este sentido de responsabilidad se exacerba cuando el abusador les dice: «Si no fueras tan malo, yo no tendría que hacer esto». Esa es una manera de pensar normal en la niñez. También es una mentira. Los niños piensan en muchas cosas que no son verdad. Sin embargo, un ambiente saludable donde los amorosos padres les enseñan sin cesar la verdad actúa a fin de corregir y madurar la forma en que piensan. Un ambiente destructivo con padres abusivos o que guardan silencio y que siempre les enseñan mentiras actúa de modo que refuerzan esas mentiras.

Dios dice que todo lo que sus padres le enseñaron o le hicieron fue una manifestación de sus propios corazones. Si abusaron, había abuso en sus corazones. Si fueron violentos con usted, había violencia en sus corazones. Si le

En el umbral de la esperanza

robaron la seguridad y la buena enseñanza, había maldad y negligencia en sus corazones. Si le enseñaron mentiras, había engaño en sus corazones.

Tal vez algunos de ustedes estén pensando: *Todo eso está bien y es acertado para otras personas, pero yo quise tener relaciones sexuales. Yo era promiscuo. Lo pedí. Me gustó. He abusado de otras personas. Es obvio entonces que mi propio corazón es tan malvado como el del abusador. Lo que dice tal vez sea cierto para otras personas, pero no lo es para mí.*

A decir verdad, algo de su forma de pensar es acertado. Los corazones de *todos* los seres humanos son engañosos y malvados (Jeremías 17:9). Sin embargo, esa verdad no niega la certeza de que cualquier cosa que le hiciera el abusador fue una manifestación de su corazón y no del suyo. Lo que usted ha hecho revela su propio corazón. Si fue abusador o se dañó a sí mismo, le ayuda a ver lo que hay en su corazón. Algunos de ustedes no han caído en tal comportamiento porque su corazón está demasiado lleno de temor para hacerlo. Otros no han hecho estas cosas porque son orgullosos y se creen justos y buenos, y necesitaban probarse que son mejores que el abusador.

Así que de todo esto sacamos dos verdades: Lo que otros hacen revela sus corazones, no nuestro corazón; y no importa lo que se revele en cuanto a nuestros corazones, todos necesitamos un Redentor. Su corazón necesita redención. Su manera de pensar necesita redención. Nada de lo que el abusador le haya hecho lo libra de esa verdad. Sin tener en cuenta lo atroz que quizá fuera su abuso, necesita redención. El resto de la verdad es que hay Uno que vino a redimirnos, y nada de lo que le hayan hecho o usted haya hecho hace que esta obra redentora no sea necesaria.

¿Quiere aprender un nuevo camino, uno redimido, a fin de vivir dentro de su cuerpo y con él? La determinación no lo logrará. Fingir que no lo necesita no va a dar resultado. Una gran cantidad de buenos consejos no lo harán libre. Jesucristo, quien vivió en un cuerpo como el suyo y que por usted permitió que otros lo humillaran, lo traicionaran y maltrataran su cuerpo, murió a fin de redimir su corazón. Un corazón redimido no desprecia el cuerpo. Un corazón redimido no destruye el cuerpo. Un corazón redimido no pasa por alto el cuerpo. Un corazón redimido lucha por tener una buena relación con el cuerpo, aun sabiendo que eso quizá tome muchos años y un trabajo increíblemente duro. Un corazón redimido sabe que se ha comprado por un precio y, por el amor y la adoración por Aquel que lo compró, pasa toda una vida aprendiendo a glorificar a Dios en su cuerpo.

(Si necesita leer más en cuanto a la sanidad para su cuerpo antes de leer el capítulo sobre cómo el abuso dañó sus emociones, lea el capítulo 18 a continuación).

14

El abuso dañó sus emociones

El abuso sexual no solo dañó su cuerpo, sino también sus emociones. Como resultado del abuso que sufrió, tal vez se sienta abrumado por el temor, la culpa, el enojo y el dolor. Escuchemos las voces de estos sobrevivientes a medida que expresan sus emociones, y luego exploremos las cuatro emociones que más se afectan con el abuso.

> «¿Cómo me siento? Paralizada, muerta. Me he adormecido a un dolor interno para el cual no hay ningún calmante».

> «Algunas veces me enfurecería. Los odiaba con cada fibra de mi ser. Deseaba verlos muertos».

> «¿Sentimientos? Por supuesto que tengo sentimientos, odio, furia, temor, vergüenza. No puedo escaparme de ellos. Adormezco mis sentimientos con el alcohol, las drogas, cualquier cosa que encuentre. Esa es la única forma que conozco de mantener mis sentimientos en secreto».

> «No recuerdo la última vez que lloré. No creo que recuerde cómo se llora. Tengo pánico de que si comienzo a llorar no voy a poder parar».

> «Lo insoportable es el temor. Según creo, lo escondo bastante bien, pero nunca se va. Les tengo miedo a los hombres, a las mujeres, a la oscuridad, a los lugares pequeños, a dormir, a que me toquen.

Nunca logro tranquilizarme. Nunca me siento segura».

«Mis sentimientos y mis temores regían mi vida. Es posible que el temor me abrumara y comenzara a temblar. Quería correr. La boca se me secaba. Cuando estaba en una reunión en el trabajo me preguntaba cómo aparentaría ser una persona normal».

«Los niños víctimas de abuso tienen una mirada muy triste. Piensan que las relaciones sexuales son normales. Por lo tanto, qué importa si solo se tiene nueve años de edad y no sabe lo que es eso, ni qué es ese olor, ni por qué algunas cosas se sienten bien. Entonces, ¿qué importa si otros niños pueden jugar y ser niños?»

EL TEMOR

Cuando somos víctimas de abuso sexual o físico cometido por alguien que no podemos detener, sufrimos un trauma. Nos sentimos indefensos por completo. Todas las respuestas comunes al peligro se vuelven inútiles. No logramos escapar, ni defendernos de manera eficaz. Nada de lo que hagamos da resultado.

La respuesta común para tal desamparo es el temor. Cuando nos traumatizan, el temor se convierte en una manera de vivir. El peligro y el terror nos empujan a protegernos. Podemos hacer eso ya sea retrayéndonos o escondiéndonos, por medio del enojo o de la agresión, o a través de la paralización (es decir, buscando una manera de adormecer el miedo y el dolor que lo acompaña).

El trauma causa que perdamos la habilidad de sentir y comprender sin temor. Cuando nos vemos a nosotros mismos como débiles, indefensos y dependientes, o cuando nos descuidan y dañan, a menudo procuramos no percibir, ni sentir. En el capítulo 13 hablamos sobre cómo desconectamos nuestro cuerpo. Es importante que nos demos cuenta de que también podemos desconectar nuestras emociones. O tal vez retenemos nuestra conexión con el enojo porque es el sentimiento que nos permite sentir poderosos. Sin embargo, en su mayor parte, la intensidad emocional asociada con el trauma es tan poderosa que abruma cualquier capacidad para albergar sentimientos. Yo tenía una paciente que solía decir que sus sentimientos eran «demasiado grandes» para su cuerpo. El nivel de intensidad a que llegaban era simplemente intolerable.

Cuando los sentimientos se vuelven intolerables, hace falta el alivio. Algunos de ustedes lo han encontrado en el alcohol o en los narcóticos. Otros encuentran un respiro en los comportamientos compulsivos tales como limpiar, hacer ejercicio, comer o tener relaciones sexuales. Un sobreviviente dijo: «He tratado de escapar de la realidad y de los sentimientos de cualquier manera posible, por el trabajo, las relaciones sexuales, otras relaciones, las drogas, la comida». Tal vez algunos de ustedes han aprendido a desconectarse (disociarse) a fin de que sus sentimientos de temor y dolor desaparezcan. Es como una anestesia que se genera sola. «De niña aprendí a detener mis sentimientos. Cuando me sentía aterrada, miraba algo en el cuarto hasta que no sentía lo que me estaba pasando».

Algunas veces los sobrevivientes aprenden que un estado emocional intolerable se puede terminar al estremecer el cuerpo de alguna manera. Se lastiman a sí mismos para aliviar el intolerable dolor emocional. Esto «trabaja» debido a que el cuerpo libera su propio analgésico cuando ocurre cualquier herida. Cuando se le inflige dolor, el cuerpo siente alivio y calma. El dolor físico parece más fácil de soportar que el abrumador dolor emocional. El dolor físico también es una forma de sentirse vivo cuando casi siempre se siente muerto.

Quiero sugerirle que deje de leer por un rato, que tome su cuaderno y anote algunas de las cosas que le producen temor. Piense y anote lo que le viene a la mente. Muchos de ustedes nunca se han sentido libres ni lo bastante seguros como para expresar el hecho de que tenían miedo, mucho menos lo que les producía de forma específica ese miedo. Si le resulta difícil hacerlo, tal vez le ayude comenzar su frase de esta forma: «Tengo miedo a...», y solo repítala una y otra vez, terminándola con lo que sea que le venga a la mente. Permítase el privilegio de hablar la verdad en cuanto a lo que teme.

LA CULPA

Muchos sobrevivientes se sienten abrumados por un sentimiento insoportable de culpa. Están convencidos de que son los causantes del abuso. Escuche las palabras de estos sobrevivientes:

«Debía de haberlo detenido. Debía de haber huido».

«¿Qué era lo que me pasaba? Llegué al punto de pensar que cuando iba al campamento o a cualquier lugar en el que había hombres juntos, alguno de ellos iba a tener relaciones sexuales conmigo. Llegué al punto de que lo esperaba. En cierto sentido se sentía bien».

«Si no hubiera salido esa noche, nunca habría pasado. Mis padres querían que me quedara en casa. No los escuché. Todo es por mi culpa».

«Papá me dijo que mi comportamiento le decía que a mí me gustaba lo que me hacía. ¿Qué hacía

yo que pedía tal tratamiento? ¿Era en realidad mi culpa?»

La participación en algo que se siente que está mal o que es de manera explícita prohibido quizá produjo en usted un profundo sentimiento de que es una persona mala. Esto aumenta si algo dentro del contexto de abuso fue gratificante. La intensidad de la culpa aumenta si de algún modo lo obligaron a convertirse en cómplice. Una sobreviviente describió su sentimiento de culpa de esta forma: «Yo guardé silencio cuando mi abuelo comenzó a abusar de mi hermana. Con frecuencia la dejaba sola cuando estábamos con él a fin de que la manoseara a ella y no a mí».

La culpa se complica aun más si el abusador era el que estaba encargado de su cuidado. A fin de preservar la ilusión de que sus padres son personas con las que se puede estar a salvo, los niños encuentran más agradable verse a sí mismos como los malvados. «Me aferré a la creencia de que tenía la responsabilidad de lo que hizo mi padre. Era más aterrador pensar que por años estuve atrapada en la misma casa con un malvado». Esta manera de pensar se convierte en una parte muy importante de la personalidad del sobreviviente, puesto que la culpa es profunda y dominante.

Puede ser un proceso largo y difícil desenredar los hilos que forman la madeja de la culpa. Ninguno de nosotros está exento de culpa. Cuando nuestro propio sentido del estado de culpa ante Dios y otros se enreda con las mentiras del abuso, la carga parece abrumadora e imperdonable. He visto cómo ha lisiado a muchos sobrevivientes.

De nuevo quiero animarlo a que luche por encontrar las palabras que describan su culpa. ¿De qué se ha juzgado culpable? Tome su cuaderno y complete la frase: «Soy culpable de...». O trate de completar esta otra frase: «Si al menos... yo...». Usted no puede siquiera comenzar a separar la verdad de las mentiras referentes a su sentimiento de culpa hasta que primero no nombre lo que cree que le produce culpa. A medida que piensa y escribe, pídale a Dios que lo ayude a verse a sí mismo como Él lo ve. ¿Dónde es que su culpa habla verdad y dónde es que habla mentiras?

Toda culpa que no se base en la Palabra de Dios es falsa. Por ejemplo, muchos sobrevivientes víctimas de abuso en la niñez se sienten culpables de esto, echándose la culpa de que ocurriera. Dios dice que no tenemos la responsabilidad de los pecados de otra persona; nuestra responsabilidad está en los pecados propios. La culpa que se refiere al abuso es falsa.

Por otro lado, la culpa verdadera *está* basada en la Palabra de Dios. No importa cuál haya sido nuestra historia, ni cuánto otras personas hayan pecado contra nosotros, todos debemos presentarnos ante Dios por nuestras acciones y reacciones. Aunque los sobrevivientes no son culpables en absoluto por la violencia perpetrada en su contra, son culpables si escogen una vida promiscua. A menudo nos sentimos culpables por cosas de las que no tenemos la responsabilidad, y evadimos o negamos la culpa de las cosas por las que sí tenemos que dar cuenta.

Una nota de esperanza: Existe sanidad para la culpa verdadera y la falsa. A medida que Dios transforma nuestra mente con su verdad, Él corrige nuestra distorsionada manera de pensar. La libertad viene cuando nuestra mente se llena de la verdad de Dios. Cuando en verdad somos culpables y hemos pecado ante Dios, podemos encontrar libertad mediante la muerte de Cristo en la cruz. *Nada* es demasiado grande ni demasiado horrible para esa cruz. No existe ningún pecado que la sangre de Cristo no sea capaz de cubrir.

LA IRA

Una tercera emoción con la que tal vez luche es la ira. Aunque la ira no es mala en sí misma, la intensidad con que la siente tal vez parezca fuera de control. Escuche las voces de estos sobrevivientes:

>*«Estoy enojada todo el tiempo. Siento ira hacia los hombres y hacia las mujeres. Siento ira hacia la persona que abusó de mí. Estoy enojada con Dios. Cuando las personas me asustan, siento ira. Cuando las personas me hacen enojar, siento ira. Cuando las personas me desilusionan, me enojo».*

>*«La ira parece incontrolable. Quiero que la persona que abusó de mí sienta lo que me hizo. Quiero herir a alguien a fin de que sepa cómo se siente en carne propia».*

>*«Odio a las mujeres. He pasado mi vida teniendo relaciones sexuales con tantas mujeres como me ha sido posible, de modo que se sientan como si fueran basura, al igual que me sentí yo cuando mi madre abusó de mí».*

>*«Oculto muy bien mi ira. Se manifiesta en forma fría y callada. Trato de que la gente no se dé cuenta y la uso para manipularlos».*

>*«Mi ira me aterroriza. No le tengo confianza y no quiero sentirla. Por favor, ayúdeme a deshacerme de ella».*

Los que son conscientes de sentimientos de ira es probable que sepan que la ira puede ser una fuerza positiva: le ayuda a continuar adelante; le ayuda a defenderse; le da un sentido de poder. También sabe que su ira lo aterra y que lo hace ir a lugares a los que en realidad no quiere ir. Dice cosas que no quería decir y hace cosas que no quería hacer, y después se siente humillado y furioso consigo mismo por no manejar mejor la situación.

La ira es una respuesta normal al abuso, al mal, a la maldad y a la opresión. La ira, en realidad, es la respuesta de Dios a tales cosas. Muchos de nosotros negamos nuestra ira, nuestro enojo. Es más, usted lo ha hecho tan bien y durante tanto tiempo que no se siente airado. Si el enojo no se trata de la forma apropiada y debida se va a manifestar de maneras solapadas. Tal vez se revele de formas destructivas tales como herir a otras personas o herirse a sí mismo. Puede resultar en una continua depresión. En lugar de sentir ira, algunas personas se vuelven emocionalmente monótonas. Algunas veces la ira se expresa a través del cuerpo en lo que llamamos enfermedades psicosomáticas, tales como dolores de cabeza o problemas del estómago. Eso simplemente quiere decir que su cuerpo habla por usted sobre lo que siente y piensa en su interior.

¿Qué hace con la ira? ¿Se la traga? ¿Tiene arranques de ira o le dan rabietas? ¿Se deprime? ¿Trata de destruirse a sí mismo? ¿Se desahoga en otras personas, ya sea bien a la vista o de manera sutil? ¿Le tiene miedo a su ira?

¿Sabe con quién está enojado? La respuesta obvia es con el abusador, ¿pero qué diremos de los testigos silenciosos, de sí mismo y de las organizaciones que fallaron en ayudarle? Tome tiempo para responder estas preguntas en su cuaderno.

Muchos de los sobrevivientes que atiendo no creen que deberían hablar de su ira. Consideran que no es bueno hacerlo. Tenga presente que Dios expresa su ira en muchas ocasiones. La verdad es que si fue víctima de abuso, va a tener sentimientos en cuanto a eso. Llamar a esos sentimientos por su verdadero nombre no es malo. Tal vez necesite ayuda con sus sentimientos, pero llamarlos por su nombre es el primer paso en esa dirección. No es posible que busque ayuda por algo que rehúsa identificar o de lo que se niega a hablar.

EL DOLOR

La cuarta emoción que tal vez le resulte abrumadora es el dolor. Cada uno de nosotros siente el dolor de formas distintas. Escuche las voces de estos sobrevivientes:

«Ah, el dolor... no lo puedo soportar. Fue terrible enfrentar el temor, los recuerdos, la ira. Sin embargo, el dolor es insoportable. Perdí mi niñez. Mis padres nunca fueron en realidad padres para mí. Mi cuerpo les pertenecía a incontables personas. Perdí hijos. No tenía sentido de que podía elegir. ¿Qué hubiera llegado a ser? No sentí amor ni intimidad. No estoy segura de saber todavía lo que quieren decir esas palabras».

«El dolor viene en olas. El llanto me deja extenuada. Me hace vomitar».

«¿Cómo suceden tales cosas? ¿Sabe el dolor de ser violada a los cuatro años de edad? ¿El dolor de nunca vivir en un lugar seguro? ¿El dolor de los abortos forzados? Algunos días creo que me va a aplastar».

«¿Pérdida? Me raptaron y violaron cuando tenía ocho años de edad. Escribí este poema para expresar mi dolor:

> »Una niña sale afuera de su casa sin saber y es pura, la atrapan, la dañan, la amordazan y luego la dejan sola. ¿Volverá a ver su hogar alguna vez? ¿Logrará alguna vez pararse erguida?
> »Nadie supo su secreto, ni se atrevió a preguntar. Lo color rosa y blanco se volvió negro y sucio. Un gran don se volvió una temida actuación. Toda su vida un engaño, haciéndoles creer a los demás que todo estaba bien».

Enfrentar su historia significa enfrentar sus pérdidas. Esto va a resultar en un dolor que por mucho tiempo ha luchado por evadir. Parece mejor sentirse amargada o enojada. Tal vez usted ha trabajado duro para aparentar que el abuso no sucedió. O a lo mejor le resta importancia haciéndolo más pequeño, más tolerable.

Una experiencia de violación en la vida de un adulto cambia el color del mundo para siempre. Y ese sentimiento solo se intensifica cuando el abuso es crónico a través de la niñez. Una vez que ocurre el trauma, se destruye la ilusión de que el mundo es un lugar seguro. Desaparece para siempre.

Muchos sobrevivientes me dicen que le tiene temor a su dolor. Están seguros de que se van a perder en él y nunca lograrán salir. Una paciente hace poco hizo una lista de algunas de sus pérdidas. «Cuando estaba creciendo, nunca tuve a nadie que quisiera escuchar lo que pensaba, nunca tuve privacidad en el cuarto de baño, abrazos cuando lloraba, una mente limpia cuando era niña, una madre y un padre verdaderos (algunos días todavía quiero uno), un sentido de esperanza, alguien en quien confiar. No recuerdo ni una sola vez cuando no me haya sentido sucia. Una niña así debería de haber muerto. Hubiera sido más fácil y algo más agradable».

Tal vez mientras lee sea consciente de algunas de sus pérdidas y del dolor que lleva como resultado. De nuevo lo animo a que escriba sobre esto en su cuaderno. Sin embargo, es más importante que encuentre a una persona a la que le exprese su dolor. Un dolor de esa intensidad no se debe soportar solo. Es una carga que se debe compartir. La participación de otro no va a quitar el dolor, pero de alguna forma misteriosa, una persona confiable a medida que camina por este valle, hará que la carga sea un poco más llevadera hasta que la luz comienza a brillar.

Sentir dolor es pasar por el valle de sombras de muerte. Repito, usted no puede hacer esto solo. Necesitará que alguien lo acompañe, alguien que le traiga esperanza. Experimentar el dolor a menudo quiere decir volver a caer en mecanismos para lidiar con él que son autodestructores. Los nuevos mecanismos no parecen lo bastante fuertes como para soportar el peso del dolor. Quizá sea un tiempo de desánimo. La muerte tal vez parezca como la única respuesta lógica. Necesita otra voz que le recuerde que las pérdidas son reales; que son enormes y, aunque otra persona trate de llevar esos dolores con usted, recuerde que hay otra Persona que en verdad llevó esos dolores por usted. El profeta Isaías dijo acerca de Cristo: «Ciertamente él [...] soportó nuestros dolores» (Isaías 53:4). Hay un Redentor que vino «a consolar a todos los que están de duelo, y a confortar a los dolientes» (Isaías 61:2-3).

Las emociones son parte de nuestra complejidad como seres humanos. Dios es el que nos da las emociones. Es posible que cambien pronto y sin razón aparente. Si no tuviéramos emociones, jamás lograríamos experimentar el gozo, nunca reiríamos, ni sentiríamos el amor. Sin embargo, tener emociones también significa tener la capacidad de temer, sentir culpa, ira y dolor. Nos gustaría mantener las emociones agradables y de alguna forma deshacernos de las dolorosas. No obstante, algo raro en cuanto a las emociones es que si se paraliza en uno de estos dos lados, el otro va con él. Si quiere sentir gozo, va a tener que lidiar con el dolor. Si quiere sentir amor, va a tener que enfrentar el miedo. A medida que comience a sentir y a luchar con las emociones que han estado muertas por mucho tiempo, aférrese al hecho de que tan cierto como que pasa por las que son dolorosas, asimismo saldrá al final del otro lado. Recuerdo con claridad el día que una sobreviviente llegó a mi oficina y con asombro en su voz me dijo: «Algo sucedió el otro día, y experimenté algo que nunca antes sentí. Me tomó un poco de tiempo hasta que me di cuenta de que era gozo. Nunca antes tuve gozo, ¡y fue maravilloso!».

(Si necesita leer más en cuanto a la sanidad para sus emociones antes de leer el capítulo sobre cómo el abuso dañó su manera de pensar, lea el capítulo 19 a continuación).

15

El abuso dañó su manera de pensar

Sin tener en cuenta cuál fue su historia, sin importar las circunstancias, si fue víctima de abuso sexual, se dañó su manera de pensar. O bien lo formaron durante la niñez con mentiras y engaños o quedó confundido debido a una intrusión repentina de violencia. En cualquiera de los dos casos, el trabajo de discernir la verdad de las mentiras es grande. Escuchemos las voces de estos sobrevivientes mientras describen su manera de pensar distorsionada, y luego exploremos cuatro esferas afectadas por el abuso: el razonamiento contradictorio, la disociación, los recuerdos y las mentiras.

«Mi mente solía meditar en pensamientos que iban en mi contra como persona, contra mi valor, repitiendo viejas mentiras de mi juventud. Mis pensamientos nunca descansaban. Iba de un pensamiento negativo y de pánico al siguiente. Sacaba conclusiones sobre otras personas y sobre mí basada en pensamientos y sentimientos que no tenían nada que ver con el presente».

«Los ojos de un niño víctima de abuso lo ven todo borroso. Se distorsiona toda la verdad».

A medida que miramos el daño que se le ha hecho a su mente como resultado del abuso, me gustaría que tuviera presente dos cosas. Primera, si el abuso ocurrió cuando era pequeño, recuerde que un niño viene al mundo sin ningún conocimiento y depende de los adultos para que le enseñen sobre él mismo, el mundo, Dios y todo lo demás. Un niño no tiene un cuerpo de conocimiento preexistente con el cual comparar lo que se le enseña. Segunda, si el abuso que sufrió ocurrió un poco más tarde, recuerde que el trauma destroza lo que creemos verdadero en cuanto a nuestro mundo. Una vez que lo violaron, sin importar la edad, no camina simplemente fuera de la puerta de su casa y da por sentado que estará a salvo. Deja de pensar que si es bueno y responsable, las cosas van a salir bien. Se destrozan las ideas a que todos nos aferramos, que el mundo es un lugar bueno, seguro y que la violencia jamás nos tocará.

RAZONAMIENTO CONTRADICTORIO

A fin de vivir con duras realidades, algunas veces hacemos lo que se llama razonamiento contradictorio; tenemos en nuestra mente dos pensamientos contradictorios al mismo tiempo. Escuche cómo la voz de esta sobreviviente describe a su padre en dos ocasiones diferentes:

> *«Mi papá era un hombre maravilloso. Todo el mundo lo quería. Mis padres daban fiestas y algunas veces me permitían asistir. Contaba chistes y entretenía a todo el mundo. Era un proveedor para "sus muchachas" (mi madre, mis dos hermanas y yo)».*
>
> *«Mi padre me aterrorizaba. Bebía y nos perseguía a mis dos hermanas y a mí. Nosotras nos escondíamos en los armarios y debajo de la cama. Siempre encontraba a una de nosotras y*

En el umbral de la esperanza

escuchábamos cómo violaba a la que encontraba. Mamá o no estaba en la casa o estaba preparando la cena. Eran personas muy maravillosas. ¿Por qué cree que dejaban que esas cosas nos pasaran a nosotras?»

Si creció con una historia de abuso sexual crónico y el abusador era una de las personas que debió cuidarlo, su mente tuvo que hacer cosas increíbles a fin de lograr sobrevivir. Un aspecto de esa tarea era encontrar maneras de absolver a quienes velaban por usted con el propósito de seguir sintiéndose cuidado y seguro. Como dijimos antes, el pensamiento más aterrorizador para los niños pequeños víctimas de abuso es que están atascados por años con adultos que son peligrosos. Es un pensamiento irresistible. Como resultado, es posible que haya desarrollado el razonamiento contradictorio. Por ejemplo, por un lado tal vez tuviera pensamientos de que su papi y su mami eran personas negligentes y peligrosas, mientras que al mismo tiempo pensara que lo cuidarían bien. Otro ejemplo de razonamiento contradictorio es pensar por un lado que no tiene esperanza de escapar, y por el otro lado pensar que habrá un futuro mejor. Es, de manera literal, pensar en forma doble. De algún modo la mente se separa a fin de que las dos realidades sean verdad. He escuchado decir a una sobreviviente: «Sí, mi padre abusó de mí sexualmente y fue violento conmigo desde que tenía tres años de edad hasta que me fui de mi hogar, *pero no es nada del otro mundo*. Él no quería hacerlo. Era un buen proveedor». Es lógico, esas dos cosas no son ciertas de manera simultánea. Sin embargo, de alguna forma lo son en la mente del sobreviviente.

Otro ejemplo es el de la joven que la molestó sexualmente alguien en quien confiaba: «Mi pastor abusó de mí y me amenazó con destrozar a mi familia y a mi futuro si se lo decía a alguien, pero lo entiendo. Es un buen hombre y creo que estaba luchando un poco con su propia debilidad».

¿Es consciente de las maneras en que usa el razonamiento contradictorio? Una pista es cuando piensa algo y de inmediato la mente le responde con *Sí, pero...* Por ejemplo, si le dijera: «Su padre era un violador», o «La violación fue algo terrible» o «Debe haber sido aterrador para usted ir a visitar a sus abuelos», y sus primeras palabras son «Sí, pero...», es probable que haya caído en un lugar donde razona en forma contradictoria. Escriba en su cuaderno todas las declaraciones en las que respondería comenzando con «Sí, pero...».

LA DISOCIACIÓN

Un mecanismo no muy lejano del razonamiento contradictorio es la disociación. Muchos sobrevivientes se refieren a él como que «salen de la realidad». La disociación le ayuda al sobreviviente a salir del abuso en cuanto a lo físico o lo emocional. Usted logra disociarse de lo que siente en su cuerpo, de sus emociones o de la realidad de lo que está sucediendo. Algunos sobrevivientes hacen estas tres cosas.

«Él me ponía boca abajo en la cama y me violaba. Yo escogía una flor del cubrecama y me concentraba en ella. Al final "me metía" dentro de la flor. Entonces no sentía lo que me estaba haciendo».

«Yo me imaginaba un hermoso lugar llenos de flores y con un lindo lago. Yo sería una niñita que corría y jugaba, algunas veces volando como una

cometa. Siempre iba a ese lugar cuando él me violaba».

La habilidad de disociarse está muy desarrollada en los niños de edad escolar. Si tenía esa edad cuando lo violaron, es muy probable que usara esa habilidad como un mecanismo de supervivencia. Sin embargo, lo que le ayudó cuando era niño puede ser muy peligroso ahora que es adulto. La disociación provoca que no se dé cuenta de todo lo que sucede a su alrededor. Y eso hace que sea mucho más fácil que lo hieran. Cuando se distancia de lo que sucede a su alrededor, tiende a no ver señales de advertencia de peligros.

¿Se separa de la realidad? Si es así, ¿cuándo sucede? ¿Sabe qué lo causa? Escriba lo que piensa en su cuaderno.

LOS RECUERDOS

El asunto de los recuerdos es muy amplio y no se puede analizar como es debido aquí. Si está interesado en aprender más en cuanto a la relación entre el abuso sexual y los recuerdos, lea algunos de los libros en la lista de libros sugeridos al final de este libro. Por ahora, solo quiero destacar algunos puntos en cuanto a usted mismo y también para que los sepa si decide buscar consejería.

Los recuerdos son un asunto muy polémico hoy en día, y muchas personas tienen opiniones muy fuertes en cuanto a cómo funciona la memoria. Es un campo relativamente nuevo y por lo tanto no se ha estudiado en forma intensiva. Se está adquiriendo información nueva todo el tiempo. Le sugiero algunos principios que sirven de guía de modo que le ayuden a procesar algunos de sus recuerdos.

1. *Ningún conjunto de síntomas indica en forma automática una historia de abuso sexual.* Los síntomas indican daño. No siempre dicen con exactitud qué clase de daño ocurrió. Si alguien le dice que sus síntomas particulares son prueba de que fue víctima de abuso, ya sea que recuerde o no el mismo, esa persona se apartó de los límites del buen diagnóstico y del tratamiento.

2. *Los recuerdos se logran reprimir.* Los niños pueden hacer cosas extraordinarias con sus mentes, como se ha dicho antes, a fin de ocultar recuerdos del abuso. Los veteranos de la guerra de Vietnam hicieron lo mismo con el trauma que encontraron. Muchos estudios muestran cómo algo que se reprimió por mucho tiempo se logra recordar de pronto porque algo despertó ese recuerdo. Una sobreviviente dijo: «Yo mantuve el recuerdo del abuso de mi padre fuera de mi conciencia y muy lejos durante muchos años. Un día, mi hijo adulto entró a la casa, y era tan parecido a mi padre, que todo me vino de golpe derribando mis ordenados muros».

3. *De acuerdo con las investigaciones, al parecer los hechos traumáticos se guardan en la memoria con todos sus detalles vívidos y crean imágenes visuales que duran mucho tiempo.* Se ha sugerido que los recuerdos de los traumas se guardan en un sistema de recuerdos visuales y del comportamiento antes que en el sistema de recuerdos verbales, el que lleva recuerdos autobiográficos narrativos normales.

4. *Los recuerdos no siempre son exactos.* Cuando ocurre un hecho, el cerebro lo percibe, lo guarda y luego lo recuerda. Cosas tales como la interpretación, el estado de la mente y las actitudes pueden afectar la manera en que se recuerda. Por ejemplo, es posible que una casa de su niñez la recuerde enorme. Sin embargo, cuando regresa a ella de adulto, encuentra que parece muy pequeña. Es obvio que el recuerdo de la casa se guardó desde la perspectiva de un niño.

5. *Mientras que los recuerdos son importantes, no son todo lo que es importante.* El simple hecho de recordar no trae sanidad y no va a traer cambio. La verdad es más importante que los recuerdos. Vivir su vida basado en mentiras enseñadas por los acontecimientos que recuerda es destructivo. Reemplazar las mentiras con la verdad y por la gracia de Dios escoger nuevas formas de responder a su vida es lo que traerá libertad y cambio.

LAS MENTIRAS Y LA VERDAD

Una de las tareas más importantes en sanar la manera de pensar dañada que resulta del abuso sexual es identificar las mentiras y reemplazarlas con la verdad. En capítulos anteriores identificamos algunas de las mentiras: «No tengo valor alguno», «Soy responsable», «Lo merezco». Hay muchísimas más. Algunos de ustedes creen que el amor y la intimidad siempre van a terminar en abuso, así que no permiten que nadie se les acerque nunca. «Yo he construido una pared que ni siquiera Dios puede penetrar». Algunos creen que enfrentar la verdad en cuanto a su vida los heriría y destrozaría antes que hacerlos libres. «No puedo mirar; el dolor sería demasiado grande». Algunos creen que el amor solo es posible cuando hacen todas las cosas bien. «Nunca me han amado por ser quien *soy*, solo por lo que *hago*. He aprendido a desempeñarme para que me amen». Otros creen la mentira de que si las personas supieran quiénes son en realidad, se alejarían disgustadas. «Yo trabajaba con desesperación para ganarme la admiración y el respeto de todos los que conocía. Creía que sería capaz de controlar mis relaciones y evitar que conocieran mi verdadera personalidad».

La cosa más triste de todo esto es que termina viviendo la vida basada en mentiras. Se necesita mucha energía a fin de mantener la mentira de que en realidad no ocurrió el abuso, o que no fue una cosa del otro mundo. Esa energía jamás se libera para usarse en otras cosas. La mentira de que usted es basura o bien significa que vive de una forma que cumple eso o que trabaja en exceso para aparentar lo contrario de manera que nadie se dé cuenta. La mentira de que debe hacer algo para que le amen significa que jamás puede dejar de hacerlo. Y así sigue. Es una prisión triste y terrible. A usted no lo crearon para que viva así.

Trate de identificar algunas de las maneras torcidas de pensar y las mentiras que cree como resultado del abuso que le perpetraron. Tome tiempo para escribir en su cuaderno algunas de las mentiras que ha llegado a creer sobre sí mismo, sus relaciones o Dios. ¿Qué le enseñó el abuso?

Como dijimos antes, nuestro Dios es un Dios que se caracteriza por la verdad. Jesús dijo que Él es la verdad (Juan 14:6). El Espíritu Santo se nos dio en parte a fin de que nos guíe a toda la verdad (Juan 16:13). Jesús dice que la verdad nos hará libres (Juan 8:32). Por último, eso quiere decir que conocer a Cristo nos da libertad. Sin embargo, encontrará que a medida que busca al Señor, quien es la verdad, Él dejará al descubierto cada vez más las mentiras y el engaño con que vive. La sanidad no va a llegar manteniendo esas mentiras. Aunque mirar a la verdad tal vez sea una de las cosas más aterradoras que haga, lo *hará* libre. Lo sé. He visto que sucede una vez tras otra.

(Si necesita leer más en cuanto a la sanidad para su manera de pensar antes de leer el capítulo sobre cómo el abuso dañó sus relaciones, lea el capítulo 20 a continuación).

16

El abuso dañó sus relaciones

El abuso sexual sucede en el contexto de las relaciones. Es algo que pasa entre dos (o más) personas. No es difícil ver, entonces, que el abuso tiene un impacto profundo en la manera en que pensamos y funcionamos dentro de las relaciones. El abuso sexual afecta nuestras relaciones en las esferas de la confianza, los límites y el control. Escuche las voces de estos sobrevivientes:

«Me relacionaba con otras personas a través del filtro del abuso. No confiaba mucho en nadie. Sin embargo, también hice lo opuesto. Confiaría mucho en la gente, dependiendo de que fueran como Dios. No tenía límites saludables ni expectativas realistas. Establecí una norma de todo o nada para todo el mundo: O eran como Dios o yo no tendría nada que ver con ellos».

«Fui a ver a un pastor buscando orientación y consejería. Era una época vulnerable de mi vida. Tenía ciertos sentimientos de que algo no estaba del todo bien, pero pasé por alto las señales de advertencia. En lugar de escuchar a mis instintos, decidí confiar en ese hombre debido a su posición de autoridad. No era digno de confianza en absoluto. Le di el control de mis emociones y no escuché cuando mi espíritu estaba perturbado. Abusó de mí sexualmente y también de otras maneras».

«Solo lograba relacionarme con personas que estuvieran de acuerdo conmigo. Si alguien estaba

en desacuerdo, me apartaba. No sabía cosa alguna sobre llegar a un acuerdo. No sabía la manera de tener una relación mutua. Si mi esposo no hacía las cosas como yo quería, me retraía y guardaba silencio. Creo que era una simple estrategia para controlar a las personas que estaban cerca de mí».

«No sabía nada en cuanto a la privacidad en las relaciones. Las personas entraban a los dormitorios y a los baños sin pedir permiso. El concepto de decirle a alguien que no entrara era muy difícil para mí. Siento como si estuviera haciendo algo malo. Decirle no a alguien me resulta muy extraño».

«Confiar es en realidad una palabra temible. Me da la impresión que es una cosa muy tonta. Fue debido a que mis padres me hirieron. Nunca hice preguntas en cuanto a eso. Es más, todos los adultos en mi vida me hirieron o solo pasaron por alto el hecho de que otros lo hacían. Me imagino que entonces yo confío, ¿no es así? Solo que confío en que la gente me herirá o pasará por alto, eso es todo».

Vivir en relaciones es una parte fundamental de lo que somos como seres humanos. Dios no nos creó para que vivamos solos. Quiere que vivamos en una relación con Él y con los demás. Todos queremos conocer y que nos conozcan, amar y ser amados. Anhelamos hablar o expresarnos en relaciones con otras personas. Anhelamos ser importantes, tener impacto, ser personas significativas. Debido al pecado, el conocimiento, el amor, el tener significado se dañaron. Y esas cosas se destrozan de maneras cruciales cuando ocurre el abuso sexual.

En el umbral de la esperanza

El abuso destruye las relaciones. En lugar de que nos conozcan, nos ocultan. En vez de recibir amor, nos usan. En lugar de tener una voz, nos silencian. En vez de tener impacto en las vidas de otras personas, no importamos para nada. Las lecciones que se aprenden en un ambiente así son poderosas. También están llenas de mentiras. Se da por sentado que estas mentiras son la verdad. Las relaciones se vuelven lugares en los que hay dolor, temor y caos. Perseguimos sin cesar relaciones debido a los anhelos que tenemos y que no logramos llenar, o tememos y evitamos las relaciones debido al peligro que nos presentan.

Una sobreviviente describió su relación dañada de esta forma: «Mi madre era egoísta, anoréxica, alcohólica y vivía absorta en sus propios problemas. A menudo me humillaba. Un día le dije que nunca más iba a confiar en ella. Le dije que era una mentirosa y una madre terrible. Me costó que me diera una golpiza, pero en realidad no tuvo importancia debido a mi decisión de mantenerla apartada de mí. Nunca, nunca más la dejé cerca de mi corazón».

Al igual que todas las demás esferas del abuso sexual, la de las relaciones es enorme. Se han escrito volúmenes en cuanto a las relaciones y a cómo manejarlas. Nosotros solo vamos a considerar tres esferas que se dañan con el abuso sexual.

A medida que discutimos algunas de esas cosas, tenga presente que usted y yo siempre estamos aprendiendo. Tomamos lo que nos sucede y lo procesamos, tratando de darle sentido a eso y luego actuamos basados en lo que aprendimos. Los niños no tienen la ventaja del conocimiento anterior; no tienen forma de saber si lo que aprenden es verdad. Sin embargo, aunque los adultos tienen la ventaja del conocimiento anterior, esto solo ayuda si lo que aprendió antes es en realidad verdad. Si el conocimiento anterior es una mentira, toda la información recibida se va a filtrar a través de esa mentira, y esta va a permanecer. Esto es sobre todo cierto si la mentira se repitió muchas veces y vino acompañada de una alta intensidad emocional.

CONFIANZA

Todos confiamos. Algunas personas confían en que algo bueno va a suceder. Otras confían en que algo malo va a suceder. Tal vez algunos confían en que un poco de cada una de estas cosas va a suceder. Es importante que entienda lo que ha aprendido en cuanto a la confianza en las relaciones, y también si eso es cierto o no. Actuamos en lo que confiamos que es verdad. Pongo la alarma de mi reloj de noche porque confío que llegará la mañana. Preparo la cena para mi familia porque confío que van a venir a comer. Me presento en el trabajo a horas determinadas porque confío que mis pacientes van a venir a verme a las horas señaladas para sus citas.

Algunas clases de confianza son un poco más riesgosas y nos exponen a una posibilidad de heridas más serias. Si por alguna razón mi familia no se presentara a cenar, lo aceptaría en especial si no es algo que hacen con regularidad. Sin embargo, también tengo confianza de que mi esposo me es fiel, de que mis hijos son sinceros conmigo y de que mis amigos no van a contar chismes de mí ni me van a desacreditar. Es obvio que si algunas de esas cosas sucedieran, estaría herida en lo más hondo y flaquearía mi confianza en esas personas. Me preguntaría si confiar en ellas fue una idea tonta.

También llegamos a confiar en cosas negativas. Si cada vez que camino por mi cuadra me persigue el perro de un vecino, voy a llegar a confiar en que el perro me va a perseguir. Si cada vez que hablo con una persona en particular en la iglesia esa persona me pisa el pie, llegaría a confiar en que sucederá de nuevo y buscaré una manera de protegerme el pie.

Repito, esa confianza se esparce en esferas mucho más importantes. Si mi padre, un tío o un hermano abusaran de mí, es probable que no confiara en los hombres. Si mis padres me descuidaron, no confiaría que mis necesidades se satisficieran en las relaciones.

Confiar en algo significa contar con su integridad. Si algo tiene integridad, quiere decir que es igual en todos sus componentes. Confiar en alguien es confiar en que esa persona es lo que aparenta ser. Si usted me ha demostrado que me es fiel, yo confío en que eso es verdad. Si parece honesto y tiene integridad, yo voy a encontrar que es honesto sin importar dónde y cómo me encuentre con usted.

¿Recuerda cuando hablamos del razonamiento contradictorio en el capítulo anterior? Uno de los aspectos más peligrosos en esa forma de pensar es que usted aprende a pasar por alto partes de su realidad. A fin de lidiar con la realidad de que su abuelo es una persona en quien no se puede confiar, su mente se aferra a la creencia de que es una persona en quien se puede confiar. Muchos sobrevivientes viven como si lo que no es seguro fuera seguro porque reconocer el peligro cuando no hay escape posible es insoportable. La sobreviviente que pasó por alto las señales de advertencia que el pastor no era una persona confiable es una ilustración de hasta donde es capaz de llevarnos esa forma de pensar. Ella aprendió por el abuso sexual en su niñez a pasar por alto las señales de advertencia debido a que la atemorizaban y a que de todas formas no podía hacer nada. El resultado es que aprendió a confiar en que alguien era de una manera cuando toda la evidencia indicaba lo opuesto. Confió en que el pastor la protegería y guiaría aun cuando las señales de advertencia sugerían que era un depredador.

El abuso, entonces, puede resultar en dificultades con la confianza. Algunos de ustedes confían en todo el mundo porque su anhelo por relaciones seguras es tan grande que probarán a cualquiera en cualquier momento. Algunos de ustedes no confían en nadie. Todas las relaciones se ven a través del filtro del abuso. Creen que si dejan que alguien se les acerque demasiado, los van a herir. Viven detrás de una pared protectora que es imposible de escalar. Otros de ustedes confían aun cuando las campanas de advertencia suenan en su cerebro y terminan en relaciones abusivas, diciéndose mentiras a fin de creer que son relaciones buenas.

A menudo es difícil para los sobrevivientes aprender a manejar la confianza de formas realistas. ¿En quién confiar? ¿Cuáles son las señales de advertencia de que alguien no es digno de confianza? ¿Cuáles son algunas expectativas realistas para confiar en un ser humano caído? ¿Por qué le puede tener confianza? ¿Cómo puede aprender a confiar de maneras sanas y verdaderas y no exponerse a ser de nuevo víctima de abuso?

Trate de averiguar cuáles son sus patrones de confianza o de desconfianza en las relaciones. ¿Le tiene confianza a alguien? ¿Cómo decide si debe confiar en alguien o no? ¿Qué hace si alguien prueba no ser digno de confianza? ¿Es usted digno de confianza? ¿Qué pueden confiar otras personas que recibirán de usted? ¿Le produce miedo confiar o confía en forma ciega? ¿Trata alguna vez de controlar a otros para que se le garantice un resultado seguro en la relación? Tome tiempo para responder a estas preguntas en su cuaderno.

LÍMITES

El abuso sexual es una crasa violación de límites. Es la manera más vil de no respetar los límites. Le quitan algo a usted, lo usan y luego lo dejan de lado. Cómo se siente y lo que piensa o quiere son cosas que se pasan del todo por alto.

«Siempre he hecho todas las cosas que me pedían que hiciera. Nunca se los dije ni a mi esposo ni a mis hijos ni a las personas de la iglesia. Viví como si no tuviera límites. Al final, no lo pude hacer más y solo me desmoroné. El aprendizaje de los límites ha sido un proceso arduo para mí».

«Mi familia nunca respetó los límites de cada uno de sus miembros. No había líneas, no existía la privacidad, no había límites. Durante años, hice muchas cosas que la sociedad no aprueba y tuve mucha vergüenza cuando aprendí que eran cosas que "no se hacen". Formulé preguntas que no debí haber hecho, tomé cosas de otras personas sin pedirles permiso, abrí puertas y cajones sin el consentimiento de las personas. Durante mucho tiempo nunca quise ir a ningún lado porque sentía que no tenía idea de cuáles eran las reglas. Era mejor esconderse. Se siente bastante tonto ser adulto y no tener idea de lo que es apropiado».

«Uno de los resultados del abuso para mí fue que me enfoqué en otras personas y me excluí a mí misma. Ahora me doy cuenta de que soy un individuo aparte, no solo parte de alguien. Estaba involucrada por completo en "arreglar" a otras personas para así sentirme mejor. Nunca se me ocurrió mirarme a mí misma».

«*El violador tomó mi dinero. Tomó mis posesiones. Tomó mi sentido de seguridad en mi propio hogar. Tomó mi cuerpo. Yo no le di permiso. Mis negativas se echaron a un lado. Pisoteó toda mi vida sin ninguna consideración*».

Cuando Dios creó a los seres humanos, nos dio una voz, un medio de expresarnos en el mundo. Dios quiere que nos expresemos. A través de todas las Escrituras se nos habla de la voz de Dios. A Jesús se le llama *el Verbo*. El abuso sexual silencia la voz de la víctima porque cualquier resistencia o negación no importan. La voz y las palabras de la víctima no se toman en cuenta.

Una sobreviviente lo dijo de esta manera: «La persona que abusó de mí hizo una obra muy buena para silenciarme. Cuando le dije: "No, no quiero", me forzó a hacerlo de todos modos. Me hizo callar mientras me manoseaba. Luego me empujaba la cara en la cama mientras me violaba. Al final me apretaba el cuello hasta que me desmayaba. A menudo era un silencio muy literal y físico».

Los límites se traspasan con facilidad en el momento que se silencia la voz. Cuando los sobrevivientes viven en un ambiente en el que el abusador toma lo que debería pedir y se niega a dar lo que la víctima solicita, se sienten violados. Los sobrevivientes sienten como si nunca supieran cuándo va a caer el rayo. Responden ya sea dando por sentado que no tienen derecho a negarse y que otras personas tienen el derecho a tomar de ellos, o se vuelven demasiado vigilantes de sus límites y los patrullan como un centinela de turno, protegiéndose y guardándose en forma meticulosa.

Algunos sobrevivientes luchan para ver que tienen derecho de decir no o derecho de colocar una línea. Una paciente se sorprendió al darse cuenta de que decirle no a su padre (que todavía la violaba de adulta) era lo bueno delante de Dios. Ella dijo: «Creía que tenía que obedecer a mi padre en todo». Cuando usted no puede determinar límites, se sujeta a cualquier maldad que algún ser humano quiera perpetrar en su contra. Cuando silencian su voz, no puede llamar al mal por su nombre y decir: «No puedo dejar que me hagas esto porque va en contra de Dios».

Muchos sobrevivientes creen que deben responder a todas las preguntas que les formulan. El concepto de «Prefiero no contestar eso» no lo sienten como una opción. Si usted es así, cree que debe dar todo lo que quiera otra persona. No importa si no lo puede dar o si no lo quiere dar o si cree que no está bien darlo. Siente que no tiene ni voz ni opción.

Otros sobrevivientes tienen dificultades en poner límites. Una sobreviviente acababa de tener un bebé, y cuando su esposo le pidió que tuvieran relaciones sexuales, ella pensó que tenía que decir que sí. Algunos días tal vez esté extenuada o tenga demasiado que hacer, pero si alguien le pide un favor, cree que debe decir sí. No se le ocurre responder: «Estoy cansada; necesito descansar», o «No puedo hacer esto ahora», o «Estoy enferma y debo acostarme». No vive su vida como un ser humano finito, sino como una persona sin fronteras, sin límites. En otras palabras, su vida se basa en una mentira. Es fácil entonces vivir con falta de sueño, sentirse abrumada y al final tener un ataque de nervios.

La otra cara es pasar tiempo patrullando sus límites, temerosa de que alguien tome lo que no quiere dar. Por cierto que otras personas lo han hecho. Lo que da se repartió con sumo cuidado, y cuando se le pide que dé de nuevo, siente pánico. Una sobreviviente lo describió de esta manera: «Ahora veo que muchas de mis elecciones se basaban en el temor. Todas mis relaciones las gobernaban el temor. Cada vez que alguien me pedía algo que requería tiempo o amor o un compromiso, sentía pánico. Creo que pensaba que si bajaba mi guardia y daba algo, volverían y lo tomarían todo. Miraba lo que daba como un halcón y nunca, hasta hace muy poco tiempo, supe lo que era dar y recibir con libertad y gracia».

EL CONTROL

El abuso sexual a menudo conduce a una gran necesidad de controlar las relaciones. También el temor se experimenta en lo más hondo. Todas esas luchas difíciles afectan la intimidad en las relaciones de formas complejas. El anhelo por la intimidad empuja hacia otras personas. Nos refrena el temor al abuso, al rechazo, al dolor y al daño. Queremos y necesitamos relaciones. Sin embargo, el abuso nos enseña que la seguridad no viene en relaciones con la gente porque esta trae dolor. Es un dilema asombroso que retumba a través de las vidas de los sobrevivientes.

Piense un poco en algunos de sus patrones relacionales. ¿Cómo trata de controlar a otras personas? ¿Se siente capaz de mantener límites apropiados? ¿Ejercita su voz en forma eficiente en sus relaciones? Escriba sus respuestas y sus descubrimientos en su cuaderno.

¿Hay esperanza de que existan relaciones buenas y sanas? Sí. No es preciso que se sienta atascado. El profeta Isaías dice lo siguiente al hablar acerca del Israel redimido: «Ya no te llamarán "Abandonada" [...] ni tu tierra la llamarán "Desolada" [...] [Ustedes] serán llamados "Pueblo santo", "Redimidos del SEÑOR"» (Isaías 62:4, 12). He orado que esas palabras lleguen a ser realidad en las vidas de muchos sobrevivientes y he visto las respuestas a esas oraciones. Quiera Dios que así sea para usted también.

(Si necesita leer más en cuanto a la sanidad para sus relaciones antes de leer el capítulo sobre cómo el abuso dañó su espíritu, lea el capítulo 21 a continuación).

17

El abuso dañó su espíritu

El abuso sexual toca la esfera espiritual de manera profunda. Nos estremece hasta la médula de nuestras creencias en cuanto a Dios y a cómo Él nos percibe y nos trata. Perjudica nuestra habilidad para tener esperanza. Escuche las voces de estos sobrevivientes:

«Cuando era niña me traicionaron, abandonaron y violaron sexualmente. Llegué a la conclusión de que Dios no era digno de confianza, que también me había abandonado, que tampoco era seguro y que era una persona abusiva. ¿Cómo sabía algo diferente? Todo tenía sentido. Todo encajaba bien».

«Me ha tomado un tiempo ver el impacto de mi abuso en cuanto a mi relación con Dios. Acepté a Jesucristo como mi Salvador en mi adolescencia. Creía que Dios me amaba, pero me di cuenta de que mi andar mostraba tiempos cuando yo en realidad le tenía miedo a Dios. Temía que Él también abusara de mí y me hiriera. A medida que comenzaba a sanar, también lo hacía la forma en que veía a Dios. Estoy aprendiendo a confiar en Él por ser quien es: un Dios de amor y de comprensión».

«Comencé a creer que mi misma creación fue un accidente de Dios. Si Él todo lo sabe y es amor, ¿cómo permitió que yo cayera en esta terrible familia donde no existe el amor y está llena de autocompasión, odio y caos? ¿Cómo me puso a

mí, una persona que anhelaba amar y ser amada, dentro de este abuso y negligencia? Nunca logré aceptar que Él me odiara. En cambio, creía que de alguna forma Dios no se había dado cuenta, que no había notado que me habían creado. Que me crearon sin querer, que me hicieron mal. Esta oscura suposición me acompañó hasta que llegué a la adultez y moldeó mi manera de pensar».

«He vivido aterrorizada de Dios, con la seguridad de que si de alguna forma lo hacía enojar, me castigarían».

«Los ojos de un niño víctima de abuso ven a Dios como un gran Juez. Yo creía que si Él veía lo que yo hacía, mi castigo sería eterno. Sin duda, Él nunca me amaría ni cuidaría».

RECONCILIACIÓN DE DIOS Y EL MAL

Los sobrevivientes luchan para entender cómo llegar a una comprensión de Dios con el abuso que sufrieron a manos de otro ser humano. Elie Wiesel, uno de los escritores más famosos del Holocausto, dice que estamos equivocados cuando damos por sentado que es un consuelo creer que Dios está vivo. Más bien que ser la solución, decir que Dios está vivo solo declara el problema. Habla de su lucha con dos realidades al parecer irreconciliables: la realidad de Dios y la realidad de Auschwitz. Una parece cancelar la otra, pero ninguna desaparece. Cualquiera de las dos sola se lograría controlar: Auschwitz y no Dios, o Dios y no Auschwitz. Sin embargo, ¿cómo se puede manejar Auschwitz y Dios?

Muchos de ustedes se identificarán con la lucha de Wiesel. Es capaz de aceptar el abuso y no a Dios, o Dios y no al abuso sexual. Aun así, ¿cómo tolerar las dos realidades juntas? Muchos han llegado a la conclusión de que Dios no es amor, o que por lo menos no los ama a ustedes. También piensan que Él los desechó por carecer de valor o por ser insignificantes.

La siguiente expresión, a la cual dio voz una jovencita, no solo capta su manera de pensar sobre el asunto, sino que tal vez sea la suya también: «Las relaciones sexuales son malas porque duelen mucho y algunas veces me sale sangre y eso es muy feo. Cuando papá tiene relaciones conmigo me siento triste. Sin embargo, tengo que actuar feliz y así nadie sabe que fui mala. Creo que la ley debería prohibir las relaciones sexuales porque duelen. El Señor Jesús, solo miró y no lo detuvo. Aun así _____ dice que el Señor Jesús lo escribió en un libro grande y que mi papá va a tener mucho que explicar cuando vea al Señor Jesús. A pesar de eso, sigo enojada con el Señor Jesús porque la relación sexual me dolió y era mala y Él no la impidió».

Por favor, deténgase y permítase hablar sobre lo que acaba de leer. ¿Qué está pensando? ¿Cuáles son sus sentimientos? ¿Cómo lo afecta cuando está con Dios? Recuerde que buscamos la verdad. No tema decirla en voz alta ni de escribirla en su cuaderno. El cambio y la sanidad no vienen si existen mentiras sin exponer.

«LO QUE PENSÉ DE NIÑO»

Dos cosas importantes afectan la manera de pensar de alguien víctima de abuso en la niñez: cómo aprenden los niños y cómo los afecta el trauma. Estos dos factores influyen en la forma en que piensa y se relaciona con Dios.

Cómo aprenden los niños

Los niños aprenden sobre lo que no se ve de lo que se ve; aprenden de lo invisible por lo visible. Piensan en forma concreta, no abstracta. Los niños entienden el amor de Dios al ver a sus padres amarse el uno al otro y amarlos a ellos. Los niños captan el concepto de la fidelidad cuando tienen adultos que les responden con fidelidad. Aprenden sobre la verdad cuando sus padres viven y hablan la verdad delante de ellos, aun cuando sería más fácil no hacerlo.

Los adultos, quienes piensan en forma abstracta, también aprenden de esta manera. Es por eso que Jesús usó ilustraciones que involucraban elementos comunes para explicar las cosas de Dios. Usó el agua, el pan, las viñas y la luz para comunicarnos los misterios del cielo. Cuando lo que aprendemos en el mundo visible nos da mala información en cuanto al mundo invisible, nos confundimos mucho.

Piense en la niñita cuyo padre oraba con ella y luego la violaba, diciendo que Dios les decía a los padres que amaran a sus hijas de esa forma. Piense en el jovencito cuyo consejero en el campamento, quien representa autoridad y lo que es bueno, lo lleva aparte y lo molesta sexualmente. Piense en la jovencita cuyo pastor, un representante de Dios, la anima para que comparta cosas íntimas con él y luego la viola.

A cada una de estas personas se les enseñó que Dios es amor, un refugio, verdad y santidad, pero lo que experimentaron a manos de las personas que les enseñaron estas cosas fue dolor, traición, mentiras y maldad. ¡Qué confusión! Las lecciones en lo que se ve sugieren lo opuesto a las palabras que se hablaron acerca de Dios. ¿Qué es lo que deben creer? Las palabras dicen una cosa, pero su experiencia les enseña otra. No es de extrañarse que Jesús dijera: «Pero si alguien hace pecar a uno de estos pequeños que creen en mí, más le valdría que le colgaran al cuello una gran piedra de molino y lo hundieran en lo profundo del mar. ¡Ay del mundo por las cosas que hacen pecar a la gente! Inevitable es que sucedan, pero ¡ay del que hace pecar a los demás!» (Mateo 18:6-7). Jesús sabía el daño y la confusión causadas por una persona que sirve de tropiezo a otros que tratan de entender a Dios.

Cómo afecta el trauma a los niños

El segundo factor que afecta la habilidad de los niños de entender y experimentar la verdad de quién es Dios radica en la naturaleza misma del trauma. El trauma detiene el crecimiento. Lo paraliza. A fin de lograr sobrevivir, la persona necesita de alguna forma poner de lado el trauma. La vida continúa, y lo mismo sucede con el crecimiento, pero el trauma mismo y las lecciones derivadas del trauma se guardan con un sello y no se afectan con una nueva experiencia e información. A menudo les digo a los sobrevivientes que es como si parte de sus pensamientos se congelaran en el tiempo.

Es este aspecto del «congelamiento» el que hace que un hombre que mide más de un metro y ochenta centímetros se sienta pequeño en la presencia de alguien que le recuerda a la persona que abusó de él. Cuando nuestra manera de pensar se congela, podemos encontrar personas que se muestran como dignas de confianza, pero de alguna forma esa experiencia no toca el miedo a confiar que es producto del abuso. Continuamos viviendo como si nadie fuera jamás digno de confianza. También quiere decir que escuchamos y hasta creemos muchas verdades en cuanto a Dios, pero no parecen penetrarnos. Como lo dijera una mujer: «Sé que Jesús me ama. Creo que es verdad, pero nunca *he sentido* ese amor. Por alguna razón, no lo siento dentro de mí». En esencia, lo que le sucedió a ella se selló detrás de una pared, y el lugar en el que se siente menos amada no se puede tocar.

ESPERANZA

El abuso sexual también daña nuestra habilidad de tener esperanza. Los investigadores han hablado de lo que llaman un «trastorno de esperanza». La esperanza es la confianza de que lo que deseamos es posible en verdad. El abuso sexual continuo y la imposibilidad de detenerlo es experimentar la muerte de la esperanza. Entonces, la esperanza se convierte en algo que se debe temer y evitar; tener esperanza es arriesgarse a que lo destruyan de nuevo. Escuche las voces de estos sobrevivientes:

> «Una vez hablé de una de las personas que abusó de mí. Fuimos al tribunal. El juez conocía a mi familia y ni siquiera consideró el caso. Me envió a la casa de mi padrastro y me obligó a pedirle perdón por ser mentirosa, en público, a la persona que me violaba. Él me abrazó y me besó frente a todo el mundo, y me susurró en el oído que iba a pagar por lo que había hecho. Yo estaba sola. No había esperanza».

> «Un día me encontraba trabajando en la cocina con mi mamá. Tenía siete años de edad. Traté de decirle que mi papá me estaba lastimando. Ella me gritó por decir cosas malas de mi papá y me dijo que no quería escuchar una palabra más de mí. Eso me destrozó. No había ya ninguna razón para tener esperanza. Si mi mamá no me ayudaba, ¿quién lo haría, entonces?»

Tales lecciones sugieren que en el mejor de los casos la esperanza en Dios es una tontería y en el peor es peligroso. Vivir sin esperanza es vivir en un lugar muy oscuro.

De modo que el abuso sexual pone en duda el carácter de Dios, carcome la confianza, mata la esperanza y hace imposible conocer el amor y la seguridad de Dios. Algunos de ustedes han lidiado con esto manteniendo su abuso en la distancia, pensando que no era algo tan malo ni tan importante. Eso les ha permitido continuar aferrándose a algunas de las verdades sobre Dios que con tanta desesperación necesitan que sean verdad. Reconocen el abuso de manera superficial o no lo reconocen en absoluto. Es la opción de Wiesel de «no Auschwitz y Dios». Otros de ustedes saben y enfrentan la verdad de su abuso, pero Dios está ausente, es cruel, es incapaz de hacer algo o es caprichoso. Concluyeron que o no eran dignos de protección y Dios los odiaba, o Él no es eficaz. Viven con la opción «Auschwitz y no Dios».

Creo que Dios puede mantener su posición frente al abuso que le han hecho. Usted no tiene que disminuir la importancia ni tratar de hacer el abuso bonito para que Dios exista o lo ame. Por cierto, yo no tengo todas las respuestas. El problema del sufrimiento ha permanecido como un misterio en muchas mentes mejores que la mía. Sin embargo, sé que hay un lugar que puede incluir a Dios y a Auschwitz sin alterar el carácter de ninguno de los dos. A medida que avanzamos, en el asunto de la sanidad en las varias esferas que discutimos, es mi esperanza y mi oración que comience a ver la verdad en esta declaración.

Cuarta parte

¿Cómo se ve la sanidad?

LOS que leyeron toda la sección anterior tal vez se sientan abrumados y un poco desesperanzados. Quizá sería el mismo efecto que mirar a una casa toda revuelta y no tener ni idea de dónde comenzar a poner orden. Es probable que la mejor solución sea sentarse y llorar. Es más, si así es como se siente, tal vez llorar sea una buena idea.

Tengo la impresión de que algunos de ustedes piensan que todo lo que he dicho y aun más es verdad en cuanto a sí mismos. Lo que he mencionado no es en realidad completo. Quizá logre ver daños sobre los que no hemos discutido. Otros a lo mejor piensan que me he pasado un poco, pues solo se vinculan a unas pocas partes. En cualquier lugar que esté en esa escala, si fue víctima de abuso, el mal lo tocó. El mal tiene impacto, como también lo tiene el bien. Usted se afectó de alguna manera. A algunos de ustedes los afectaron de manera más profunda que a otros. Hay muchísimos factores que contribuyen a los efectos del abuso sexual. No hay dos de ustedes que sean iguales.

Es necesario que sepa dos cosas importantes. En primer lugar, necesita entender cuál fue el impacto del abuso sexual. ¿Qué le enseñó? ¿Cómo lo cambió? ¿Dónde le produce dolor? La sanidad se aplica de forma sabia solo cuando se entiende la herida. Si va a un doctor y solo le dice «Me duele», sin darle ninguna pista en cuanto a qué y dónde, el doctor puede recetarle un antibiótico cuando lo que necesita es que le enyese un hueso. El doctor necesita entender el daño antes de intentar ayudarlo. Asimismo, cuanto más entienda sobre el abuso que le perpetraron, tanto más sabrá la clase de sanidad que necesita y dónde encontrarla.

En segundo lugar, aun si cada aspecto del daño que enumeré es verdad en cuanto a usted, y puede añadir cincuenta otras cosas a la lista, todavía hay esperanza. ¿Se sanará a la perfección? No. La sanidad es un proceso y el crecimiento es un asunto que dura toda la vida. Sin embargo, conozco a personas que experimentaron todos los aspectos del daño que consideramos, y aun algunos otros, y en la actualidad viven fuera de allí creciendo, relacionándose, experimentando gozo y haciendo una contribución.

¿Cómo sucedió eso? Sucedió porque hay un Redentor. Yo lo conozco y he visto su trabajo. Es un trabajo bueno y Él es fiel a dicho trabajo. A esta altura, me ha escuchado mencionarlo a menudo. Espero que a medida que caminemos por los siguientes capítulos, logre encontrarlo de formas nuevas. Creo que quizá lo sorprenda. Eso espero.

18

Sanidad para su cuerpo

En el capítulo 13 consideramos cómo el abuso sexual dañó su cuerpo. Quiero recordarle que hay esperanza. La sanidad vendrá a su cuerpo. Vendrá al reconectarlo con su cuerpo y al aprender a pensar en él de manera diferente. La sanidad vendrá a través del poder del Redentor. Escuche las voces de estos sobrevivientes:

>«*Estoy empezando a aprender sobre la integridad de mi ser: cuerpo, mente, alma, espíritu. Mi cuerpo es importante. Lo que le hago a él y con él es importante. Sin embargo, no soy solo un cuerpo. He notado que es posible tener integridad en todos los aspectos. Lo que sucede en mi cuerpo es en realidad una verdadera expresión de mi persona. Nunca lo fue antes*».

>«*Toda mi vida trabajé con ahínco para no sentir ninguna sensación física. Es un trabajo muy doloroso deshacer eso. Sin embargo, hace poco experimenté algo bueno con mi cuerpo. Me di cuenta de que podía sentir la suavidad de la piel de mis hijos. No tenía idea de que fuera tan suave. Fue la primera vez en muchos años que he sentido algo. Es también la primera vez que una forma de toque ha sido buena*».

>«*Por primera vez estoy aprendiendo a disfrutar de las relaciones sexuales con mi esposo. Solía simplemente esperar a que terminaran. Yo era muy pasiva. No tenía idea de que los cuerpos*

se pudieran disfrutar. Mi cuerpo era algo que otros usaban para lastimarme».

EL CAMINO HACIA LA SANIDAD

El trabajo de aprender a vivir en su cuerpo de forma diferente después del abuso sexual es un trabajo muy arduo. A menudo lleva mucho tiempo. Si el abuso fue crónico o si también creció sufriendo golpes, será aun más difícil. Necesitará ayuda con este trabajo y es probable que necesite ayuda de un consejero que entiende con qué cuidado hay que realizar la tarea. Alguien que no solo sea capaz de decir: «Pare de hacer eso», o «Comience aquello», y lograr que de pronto todo sea diferente. Necesitará alguien que le dé aliento durante el camino.

El primer paso requiere que de alguna forma se reconecte con su cuerpo. No puede responder de forma apropiada a un cuerpo si no siente nada. He trabajado con sobrevivientes que se privaron tanto de la comida que aprendieron a no sentir hambre. Si esa señal física no se reconecta, ¿cómo van a saber cuándo comer? Requerirá tiempo y energía aprender y responder a las señales de su cuerpo.

Si han abusado de las sustancias químicas para no sentir, será necesario que participe en alguna clase de programa a fin de que lo ayude a dejar de usarlas. Si está drogado todo el tiempo, no puede registrar el dolor, el miedo ni ninguna otra cosa. No logra reconectarse cuando está anestesiado.

Cuando mis pacientes sobrevivientes están desconectados de sus cuerpos, comienzo con algunas tareas muy simples. Tal vez les sugiero que se sienten al aire libre con el rostro hacia el sol y que se formulen preguntas como las siguientes: ¿Qué se siente? Descríbalo. ¿Qué le gusta de esto? ¿Qué no le gusta de esto? O les

En el umbral de la esperanza

sugiero que caminen por la orilla de un arroyo, o que caminen bajo la lluvia, o que chapoteen en el barro. Me aseguro que en lo que respecta a sí mismos, nada de mis sugerencias despierten un recuerdo. El propósito de esta tarea es que ayude a establecer la reconexión. Si le pido a alguien que camine en el barro cuando sufrieron el abuso en el barro, la tarea va a fomentar la desconexión.

Si necesita reconectarse con su cuerpo, pruebe una de las actividades que sugerí en el párrafo anterior. Luego anote sus respuestas en el cuaderno.

¿Qué sucede a medida que comienza a sentir lo que pasó por alto? ¡El temor se manifiesta con mucha rapidez! Sentir cualquier cosa lo va a llevar de nuevo al temor del abuso. Tan pronto como sucede eso, los viejos y fieles mecanismos de lucha van a tratar de recuperar el frente. Es probable que trabaje hasta que no da más, haga ejercicios de forma desenfrenada, coma en exceso y luego se purgue y vomite la comida, tome bebidas alcohólicas, fume marihuana o se hiera a sí mismo. Es posible que haga cualquier cosa para no sentir. Tal vez sienta que no hay esperanza y quiera desistir. ¡No lo haga!

Pruebe lo siguiente. Identifique una respuesta en lugar de su mecanismo de respuesta anterior. Por ejemplo, si su respuesta normal es comer en exceso, decida en cambio que va a salir a caminar. Si su respuesta anterior es volverse al alcohol, decida que en su lugar va a anotar en un cuaderno lo que siente. Si su respuesta típica es cortarse, decida en cambio llamar por teléfono a un amigo. Cambie la dirección aunque sea durante cinco minutos. Será una victoria porque habrá roto el viejo ciclo por primera vez. A medida que continúa poco a poco desafiando al viejo comportamiento, al final encontrará que sucedió suficiente tiempo y que ya no «necesita» ese comportamiento. ¡Es un momento fantástico!

Una gran cantidad de mecanismos de enfrentamiento son destructivos. El ciclo es muy similar al del abuso. Lo siente; le duele; encuentra alguna forma de desconectarse. Muy a menudo esa desconexión se produce por algo que resulta autodestructivo. Lo siente; le duele; se corta. Lo siente; le duele; toma bebidas alcohólicas. Lo siente; le duele; trabaja hasta casi matarse. Lo que necesitaba cuando ocurrió el abuso era seguridad y consuelo. Cuando el miedo lo apabulla, eso es *todavía* lo que necesita. Este ejercicio tiene el propósito de ayudarle a encontrar maneras de proveerle seguridad y consuelo a través de lo que hace o por medio de las personas que busca.

Al pasar el tiempo descubrirá que tiene el poder de elegir lo que hace con su cuerpo. Eso significa que es capaz de decidir que no abusen de su cuerpo. No solo eso, logra elegir lo que se hará con él y encontrará que se puede usar (¡*su* cuerpo!) para glorificar a Dios.

Escuche las palabras de una sobreviviente mientras luchaba con el impacto del abuso en su cuerpo: «Al luchar con los efectos del abuso en mi cuerpo, he encontrado que me ha ayudado pensar en mi cuerpo como una casa. Jesús es el Carpintero. Él me creó y me dio padres, quienes debían ser los primeros "cuidadores" de esta casa. Ellos tomaron mi casa y la destruyeron. A puñetazos hicieron hoyos en las paredes. Dejaron las ventanas abiertas y la lluvia pudrió la estructura.

»Después de un tiempo, me dieron la casa. Estaba en un estado de total deterioro. Nadie la cuidaba. Nadie quería estar allí. Nadie la amaba. Algunas personas vinieron y trataron de cuidarla, pero se alejaron. No había esperanza. Yo tampoco quería trabajar en mi casa. La odiaba. La arañaba. La golpeaba. Le arrancaba pedazos. No sabía ninguna otra forma de cuidarla.

»En medio de mi desesperación recibí una visita del Carpintero. Él se ofreció a ayudarme. Residiría en mi casa y me ayudaría a reconstruirla. Al principio no quería dejarlo entrar. ¿Cómo viviría en tal desastre? La casa estaba en un estado terrible. Además, ¿por qué Él esperó hasta ahora para venir? ¿La amaría de verdad o solo diría que necesita ser demolida?

»Al final le pedí que entrara. Juntos comenzamos a reconstruir mi casa. Yo quería arreglar primero el exterior. Él comenzó en el interior. Poco a poco, Él toma lo que está dañado y lo repara. Con suavidad, lija y refina su trabajo. Me hace participar en el proceso. Con paciencia, me enseña a hacer el trabajo.

»Esta casa es mi cuerpo. Descubro que mientras el Carpintero me enseña que mi cuerpo es precioso y es digno de protección, aprendo de forma gradual a tratarlo con aprecio más bien que con disgusto. Los impulsos de atacar mi cuerpo exterior comienzan a disminuir. Es una lucha larga y dura, pero el Carpintero es fiel».

LA VOZ DEL REDENTOR

En el capítulo 13 dijimos que Jesús, que es el Redentor, habita en un cuerpo como el nuestro. Quisiera que considerara dos cosas basadas en esa verdad. En primer lugar, ¿cómo fue para Jesús, quien Él mismo es Dios, vivir en un cuerpo? ¿Fue su experiencia un tanto similar a la suya? En segundo lugar, ¿qué le dice este Jesús sobre vivir en su cuerpo? El hecho de que Él vivió en un cuerpo, ¿tiene algo que ver en cómo vive usted en su propio cuerpo?

Las Escrituras nos dicen que Dios es todopoderoso, todo suficiente y omnisciente. Es soberano sobre todo. Creó y sostiene toda la vida. Sin embargo, de alguna forma, Él que es todopoderoso se volvió débil. Él que es todo suficiente se volvió dependiente. Él que es omnisciente se volvió finito. Fue un bebé. En capítulos anteriores hemos hablado de lo que significa ser un bebé. Los bebés no pueden hacer mucho. No saben casi nada y dependen por completo de otras personas para que los cuiden. A Él, que creó la vida, tuvieron que alimentarlo. A Él, que lo sabía todo, tuvieron que enseñarlo. A Él, que lo sostenía todo, tuvieron que llevarlo en brazos. Donde vivió usted, vivió Él. El Señor *sabe* lo que es ser pequeño. *Sabe* lo que es estar a la misericordia de otros.

Más sorprendente que eso es el hecho de que no solo se sujetó a esas cosas de niño, sino también de adulto. Escuche lo que está escrito en la profecía de Isaías en el Nuevo Testamento. Él creció «como raíz de tierra seca» (Isaías 53:2). Algunos de ustedes son una raíz de tierra seca. El hecho de que hayan crecido es sorprendente. Por derecho deberían estar muertos o locos. Todo lo que tenían a su alrededor era tierra seca. Nada crece en la tierra seca. Los lugares desolados no dan fruto. Sin embargo, crecieron en alguna medida de un lugar desolado. ¿Sedientos? Sí. ¿Solos? Sí. Así lo hizo Él.

Isaías continúa describiendo a Jesús: «No había en él belleza ni majestad alguna; su aspecto no era atractivo y nada en su apariencia lo hacía deseable» (Isaías 53:2). Algunos de ustedes odian sus cuerpos. No encuentran nada bueno ni atractivo en ellos. Se preguntan cómo sería sentirse atractivo para otra persona. Él, que creó toda la belleza, no era hermoso. Él, que era rey sobre todo, no tenía majestad. Él sabe lo que es sentirse indeseable.

Él fue «herido [...] golpeado [...] y humillado» (Isaías 53:4). A muchos de ustedes los han herido, golpeado y humillado. Pueden señalar cicatrices en sus cuerpos o en sus almas como resultado del abuso. Saben del penetrante dolor, de desangrarse, de la humillación de que los ensucien y luego los desechen. Miran sus cicatrices y quieren erradicarlas porque son prueba de su humillación. Les recuerdan el dolor. Él, quien sanó todo lo imaginable,

En el umbral de la esperanza

los ciegos, los sordos, los paralíticos, los endemoniados, tiene cicatrices. Él, quien es el Sanador, sintió un dolor que las palabras son incapaces de describir. Él *sabe*.

En el relato del Nuevo Testamento de la muerte de Jesús, se nos dice lo siguiente: «Cuando los soldados crucificaron a Jesús, tomaron su manto» (Juan 19:23). Es vergonzoso y humillante que alguien le quite la ropa en contra de su voluntad. Usted está siendo expuesto. Quiere esconderse o morir. Hombres y mujeres malvados les quitaron la ropa a muchos de ustedes. Hombres malvados le quitaron la ropa a Jesús y lo pusieron en alto para que todo el mundo lo viera. Jesús sabe el dolor y la humillación que se siente cuando no se tiene puesta la ropa. Él *sabe*.

En este mundo de sufrimiento y muerte, Jesús decidió experimentar el abuso, el rechazo, el dolor, las heridas. Optó por pasar su experiencia... una experiencia que usted no pudo escoger. Él permitió que lo trataran como si fuera incapaz de reprimirla o detenerla. *Escogió* que lo escupieran, le pegaran; escogió quedar al descubierto, que lo torturaran, arrestaran y usaran. ¿No fue esa la experiencia que muchos de ustedes han tenido? Cuando clama a Jesús, Él *sabe*. Cuando el dolor es tan grande que le hace gritar, Él *sabe*. Él también clamó. Él gritó. Él entró a su sufrimiento y abuso a fin de que cuando vaya a Él con un corazón destrozado, un cuerpo abusado y humillado, sepa con certeza que habla con Aquel que *sabe*.

Lo insto a que se permita el espacio y el tiempo para meditar en estas cosas. Vaya solo a las Escrituras. Pídale a Dios que le ayude a escuchar y a ver la verdad sobre Jesús, Dios viviendo en un cuerpo. Piense en por qué Él lo hizo. ¿Por qué se sujetó a sí mismo a tal limitación y humillación? Piense en lo que eso significa. Considere la cruz desde el punto de vista de un «cuerpo». ¿Qué sucedió allí? ¿Cómo fue? ¿Tienen tales verdades algo que decirle mientras lucha con su propio abuso, su propia vida en un cuerpo? Escriba sus perspectivas en su cuaderno. Coméntelas con un amigo de confianza o con un consejero.

¿Recuerda las tres verdades de que hablamos en el capítulo 13? Dijimos que el mismo Dios creó su cuerpo, que Él escogió habitar en un cuerpo y que está dispuesto a hacerlo otra vez porque quiere morar en el cuerpo de usted. Si conoce a Jesús como su Salvador, Él mora en su cuerpo. También dijimos que *ninguna cantidad* de abuso anula estas verdades. Sea como fuere la manera violenta, sádica y perversa en que lo violaron, si conoce al Salvador, Él mora en *su* cuerpo. ¿Qué significa eso?

Nuestro cuerpo es el medio a través del cual vivimos. Todo lo que hacemos, decimos, sentimos o pensamos es a través del cuerpo. No podemos vivir ni expresarnos sin él. La Biblia no ve a nuestro cuerpo como un obstáculo, una obstrucción, una incomodidad o algo que se nos entromete en el camino. En cambio, las Escrituras dicen que nuestro cuerpo «es templo del Espíritu Santo» (1 Corintios 6:19). Nuestro cuerpo no se debe despreciar. Tiene mucho valor.

El apóstol Pablo dice: «Les ruego que cada uno [...] ofrezca su cuerpo como sacrificio [...] a Dios» (Romanos 12:1). Formúlese estas preguntas: ¿El carácter y la personalidad de quién se manifiesta por medio de mi cuerpo? ¿Quién se muestra a través de mis manos, mis ojos, mi boca, mis pensamientos y mi amor? Usted expresa su carácter por medio de su cuerpo. Usted no puede expresar el carácter sin un cuerpo. Hablamos sobre cómo los que abusan manifiestan su carácter a través del cuerpo de ellos. Lo que hacen los abusadores es una manifestación de quiénes son *ellos*, no de quién es *usted*. Por lo tanto, lo que hace es una expresión de quién es usted. ¿Qué carácter se da a conocer por medio de su cuerpo? ¿Aprendió tan bien las lecciones que deja al descubierto el carácter del abusador por la forma en que trata su propio cuerpo? ¿O el miedo lo tiene atado con tanta fuerza que muestra el carácter de una víctima mucho tiempo después que paró el abuso?

Su cuerpo debe ser el templo del Espíritu Santo. Eso quiere decir que su cuerpo es el medio para expresar el carácter de Jesús. Ese carácter maravilloso, expresado a través de un cuerpo hace dos mil años, querría manifestarse a través del cuerpo de usted. Las Escrituras no ven a nuestros cuerpos como cosas que se deben desechar o pasar por alto. Dios elevó el cuerpo humano al elegir estar presente en uno. Él también quiere estar presente en el cuerpo de usted.

Por consiguiente, entonces, debemos cuidar nuestro cuerpo, protegerlo del mal y mantener su integridad. Esto no es algo sin esperanza ni imposible solo porque ocurrió el abuso. Es posible que, debido al abuso, le resulte difícil hacer que penetren esas verdades en su cuerpo. Sin embargo, son *verdades para usted*. Nuestro gran Redentor puede hacer la obra necesaria en usted para que su cuerpo le sirva a Él como su templo en palabra y hecho. Es algo maravilloso ver un cuerpo que se ha usado, vendido, mutilado y con cicatrices convertirse en un cuerpo redimido para uso del Maestro, un cuerpo santo y sin mancha. «Cristo *en* ustedes, la esperanza de gloria» (Colosenses 1:27, énfasis añadido). ¡Cuánto anhelo que cada uno de ustedes entienda estas verdades a fin de que sean capaces de vivir con la belleza de nuestro Dios en su exterior y en su interior!

19

Sanidad para sus emociones

En el capítulo 14 consideramos cómo el abuso sexual dañó sus emociones. Permítame recordarle que hay esperanza.

La sanidad *vendrá* para sus emociones. Vendrá al darle voz a sus emociones. La sanidad vendrá por medio del poder del Redentor. Escuche las voces de estos sobrevivientes:

«Pensaba que mi dolor me iba a tragar viva. Era tan grande que no lograba ver ni sentir nada más. Me cerré. Ahora estoy en el otro lado. Pensaba que eso era imposible. ¿Me ataca el dolor algunas veces? Claro que sí, pero también he sentido deleite, gozo y aun paz. Yo solía pensar que era incapaz de tales sentimientos».

«Tengo esperanza. Luché durante mucho tiempo. Creo que estaba allí antes de admitirlo. Es una clase distinta de esperanza de la que sentía en la niñez. Entonces yo solo esperaba que las cosas se arreglaran. ¿Todavía quiero eso? Por supuesto. Sin embargo, ahora tengo una esperanza mayor. Tengo la esperanza certera de que no importa lo que sea, Cristo puede redimir lo que pasa. He visto la vida surgir de la muerte en mi vida. Sé que puede suceder».

EL CAMINO HACIA LA SANIDAD

A medida que continuamos considerando cómo se ve la sanidad, quiero recordarle que en muchas formas hacemos divisiones artificiales. No es difícil ver lo complejos que somos los seres humanos y cómo una esfera se junta con otra. En el Salmo 139, David habla de ser entretejidos. Eso quiere decir que todas las partes que nos componen están tejidas entre sí. Tirar de un hilo es tocar todos los demás. En realidad, los hilos de nuestras vidas están entretejidos en tal complejidad que no podemos sacar una parte y mirarla sin considerar el todo.

La verdad de nuestro todo, de ser entretejidos, es parte del porqué el abuso sexual tiene tal impacto en la gente. Nuestra sexualidad es una parte importante de lo que somos. Usted no puede ser una persona y no pertenecer a un sexo. Ambos (la persona y el sexo) están presentes en el nacimiento y hasta cierto grado son inseparables. El abuso sexual es un ataque a su persona, no solo a su cuerpo. No puede tener una persona sin un cuerpo. También es cierto que debido a que estamos entretejidos, no se daña el cuerpo sin ejercer impacto en la mente, las emociones y cualquier otro aspecto de lo que somos. Pensar que eso puede ser posible es negar la forma en que nos hicieron. Es por eso que cuando la gente me dice: «Fui víctima de abuso sexual durante cinco años, pero no es cosa del otro mundo», sé que no es verdad. Tal declaración niega lo que Dios dice que somos.

Una vez dicho todo esto, ¡procederemos a mirar quiénes somos en partes! Así es más fácil y un poco más razonable. Solo tenga presente que hay algo de artificial en esto.

En el umbral de la esperanza

Démosle voz a sus emociones

En el capítulo 14 hablamos de cómo el miedo es la respuesta principal al trauma. Estar traumatizado es estar indefenso. Estar indefenso frente a una atrocidad es sentir terror. Perdemos nuestro sentido de control y nos desconectamos. El trauma del abuso sexual ocurre en el contexto de las relaciones (a diferencia, por ejemplo, del trauma debido a un desastre natural). La recuperación (aprender a no vivir basado en el temor), también debe ocurrir en el contexto de una relación. No puede ocurrir en el aislamiento. El temor destruye la confianza. El temor reprime el amor. El temor resulta en constricción, represión, alejamiento. Todas estas cosas afectan en lo más profundo nuestras relaciones.

La necesidad de experimentar una relación sana y segura a menudo lleva a los sobrevivientes a considerar la consejería. Estar en una relación con una persona segura, que también entiende el abuso sexual y sus consecuencias, trae como resultado una sanidad fenomenal. Esta necesidad por una relación también hace que la red de apoyo de la comunidad amorosa de una iglesia (una que está educada en cuanto al abuso sexual) sea un don incalculable. Mi experiencia es que los sobrevivientes bendecidos con estos recursos se recuperan con más rapidez y por completo. Si usted se encuentra atascado en algún lugar sin ninguna de estas opciones, ¿es aún posible la sanidad? Sí. Dios tiene la maravillosa capacidad de que tales cosas no lo limiten. Sin embargo, casi siempre trabaja por medio de relaciones como estas.

Le sugeriré algunas cosas que puede hacer a fin de que le ayude a procesar algo de su temor. En primer lugar (¿me atrevo a decirlo de nuevo?), es preciso que exprese su temor. El trauma nos silencia. Usted necesita ponerle palabras al temor. Algunas veces los sobrevivientes se resisten cuando les insto a que escriban o que mantengan un diario. «No puedo. Nunca lo he hecho. No tengo nada que decir». Poco a poco encuentran las palabras. Una mujer escribió algunas cosas para mí. Nunca antes había escrito nada, excepto lo que le pidieron en la escuela. Se sorprendió de que lograra escribir y se asombró de lo mucho que la ayudó.

Algunos de ustedes van a quedar atascados. No encontrarán las palabras. Traten de hacer un collage que muestre cómo se sienten. Usen las palabras de otros sobrevivientes, tal vez las que leyeron en este libro. Díganlas en voz alta. Cámbienlas a medida que se le ocurre hacerlo. Pinten, dibujen, esculpan con arcilla. Una sobreviviente parecía incapaz de subsanar el obstáculo de expresar el primer recuerdo del que me quería hablar. Era bailarina. La mandé a su hogar a crear un baile que expresara lo sucedido y qué sentía en cuanto a eso. Lo hizo y fluyeron las palabras. Algunos sobrevivientes me han traído música que ellos mismos compusieron o escucharon. Hemos usado eso para ayudarme a explorar con ellos palabras que quizá manifestarían su experiencia. Usen colores. ¿Qué colores representan con precisión cómo se sienten?

¿Por qué es tan importante encontrar palabras para su temor? Tal vez a mí las palabras me importan mucho. Aun así, no creo que eso sea todo. En el capítulo 16 hablamos de que Dios nos creó con voz y que Él quiere que la usemos. Sin embargo, esa voz se pierde cuando nos sobrecoge el temor. Tal vez ha visto a otras personas con miedo. O se quedaron mudas, o en el mejor de los casos, tartamudearon incapaces de expresarse. Su voz es parte de la imagen de Dios en usted. Está diseñada para ser una fuerza poderosa en su interior. La voz tiene importancia. Su voz tiene importancia.

Otra razón por la cual es importante encontrar palabras es que cuando nos sobrecoge el temor y nos callamos, nos atascamos. El cerebro, que está procesando sin cesar, no tiene oportunidad de asimilar lo que sucedió. El temor permanece allí, sin que se toque. No solo eso, sino que sigue apareciendo. Lo que sucedió continúa entrometiéndose. El pasado se convierte en el presente una y otra vez. Eso sucede de muchas maneras. Las escenas retrospectivas son una de las formas en que se manifiesta el miedo. O tal vez saltar cada vez que alguien entra a un cuarto. Usted salta no porque *esa* persona jamás la hiriera, sino porque hace mucho tiempo alguien lo hizo. Su mente no separará el pasado del presente en forma adecuada a menos que se le permita procesar, articular y expresar lo sucedido y encontrar una forma de vivir con eso.

La razón final y muy importante de aprender a darle voz a su experiencia y su respuesta a ella, es para que aprenda a separar la verdad de las mentiras. Esto es muy importante a fin de enfrentar el temor, la culpa, la ira y el dolor. Cuando sufrió el abuso fue incapaz de defenderse. En algún lugar del camino llegó el momento de terror cuando se dio cuenta de que era incapaz de detener lo que sucedía. No había nada que pudiera hacer para lograr impedirlo. Cuando lo maltrataron, se abrumó. El temor, el pánico, el dolor, las preguntas eran demasiado. Así que se cerró, se desligó, se fue. Durante el abuso quizá sintió ira. Tal vez la sintió más tarde. Estaba enojado con el mal, la injusticia, el dolor. En ese momento anheló seguridad y consuelo. Quería que alguien viniera y lo cuidara, lo tomara en sus brazos, le dijera que jamás iba a suceder de nuevo. La seguridad se convirtió en algo de suma importancia.

En el contexto del abuso, todas estas cosas son ciertas. No logró detenerlo. Fue abrumador. La ira es apropiada. Y en realidad necesitaba seguridad y consuelo. Sin embargo, cuando no se trata con el abuso en forma apropiada, es inevitable que esas verdades lleven a mentiras que destruyen la vida. «Nada de lo que hago en la vida tiene importancia». «No puedo resolver nada». «Si me contradice, me voy a enfurecer». «Merezco tener ira por permitir que sucediera el abuso». «Soy estúpida por querer lo que no puedo tener, seguridad, consuelo». «Jamás nadie en todo el mundo me consolará; debo cuidarme sola». «No necesito a nadie». «Me hace tanta falta el consuelo que recibo lo que sea».

¿Escucha las mentiras? O tal vez no. Es posible que escuche esas declaraciones como verdaderas y crea que al fin lo capté. ¡No tiene suerte! Voy a continuar animándolo a que le dé voz a su experiencia, a que diga la verdad, preferiblemente en el contexto de una relación segura, de modo que le permita a Dios que le ayude a comenzar a separar la verdad de las mentiras.

Cada una de estas emociones, el temor, la culpa, la ira y el dolor, merece que se le dedique un capítulo o más por separado. No solo se deben separar las mentiras de la verdad, sino que tratar con estos sentimientos y sus efectos en usted requerirán un arduo trabajo y mucha repetición. No se desanime por la repetición. Es normal que se necesite. Una declaración como «Ah, no debía sentirse culpable por eso» no va a hacer que desaparezca su culpa. Es preciso que entienda su culpa, separe las mentiras de la verdad, escuche la verdad una y otra vez, estudie lo que dice Dios y luego se dé vuelta y vuelva a hacer todo esto de nuevo. La tarea es difícil. No es imposible. Su dificultad es, creo yo, parte del porqué Jesús dijera lo terrible que es causar que un pequeñito tropiece. La sanidad es posible, a pesar de eso, porque Dios anhela que usted viva en la libertad que provee la verdad y con paciencia va a repetir lo que necesita escuchar de Él todo el tiempo que sea necesario.

LA VOZ DEL REDENTOR

Cuando hablamos del cuerpo, dijimos que Jesús habitó en un cuerpo como el nuestro. Bueno, no solo Él tuvo un cuerpo como el nuestro, sino que también sintió emociones como las nuestras. De alguna forma tenemos la idea de que los cristianos no deben desplegar muchas emociones. Sin duda, esto es más cierto en cuanto a lo que llamamos sentimientos negativos. Sin embargo, incluso demasiado de los sentimientos positivos hace que mucha gente se inquiete. Parece que rotulamos a las personas que pasan por una crisis con poco o nada de emoción como gente «espiritualmente madura». Si eso fuera cierto, Jesús no fue muy espiritual en algunas ocasiones. Echémosle un vistazo.

¿Sintió miedo Jesús alguna vez? Considere el huerto de Getsemaní, donde Jesús pasó la noche antes de la crucifixión. Jesús estaba angustiado, en agonía. Le rogó al Padre que dejara que esa copa pasara de Él. ¿Qué quiere decir eso? La copa de que Jesús habla es de la ira de Dios. *Toda* la ira de Dios se derramó en cada pecado del mundo. Jesús iba a experimentar la ira no adulterada del Padre mientras lo abandonaba. Ese es el lugar más temible que existe. Jesús no quería ir allí. No llegó a la cruz con serenidad. Muchos mártires fueron a sus muertes con calma. Jesús no.

Algunos de ustedes han sentido angustia, agonía. Han sentido el terror de lo que está por delante. Jesús sabe cómo se siente eso. Algunos de ustedes le han rogado a alguien que pare y no lo ha hecho. Jesús sabe lo que es eso. Algunos tienen la experiencia de sentir la ira de un ser humano derramada en sus personas. Él *sabe*. Jesús no fue a su ejecución con gozo. Fue con agonía. Soportó la cruz por el gozo que traería. Las cruces no son lugares de gozo, sino de dolor, terror y abandono. El abuso no es un lugar de gozo. El abuso es también un lugar de dolor, terror y abandono. Él *sabe*.

¿Qué diremos de la culpa? Sin duda, el Hijo de Dios jamás sintió culpa. Después de todo, no tuvo pecado. ¿Por qué tendría que haber sentido culpa? Es cierto que Él no tuvo pecado. Nunca hizo, dijo, pensó ni sintió algo malo. Sin embargo, se nos dice que el que no tuvo pecado se *convirtió* en pecado (2 Corintios 5:21). Si Él se convirtió en pecado, ¿qué le provocó? Lo hizo culpable. Isaías dice que la vida de Jesús fue una ofrenda de expiación (Isaías 53:10). El que no tuvo pecado fue hecho culpable.

Note dos verdades importantes aquí. En primer lugar, algunos de ustedes saben lo que significa que lo traten como culpable cuando en realidad no tienen culpa. Jesús también estuvo en ese lugar. A diferencia de Jesús, usted no es culpable por algo que otro le hizo. Tal vez se ha *sentido* como una ofrenda por el pecado, pero no lo acusarán como culpable. En segundo lugar, Jesús se convirtió en una ofrenda de expiación a fin de que usted sea limpio, libre de culpa. Sabe que usted no es culpable donde no tiene culpa. Y donde es culpable, Él se ofreció a sí mismo con el propósito de que reciba la libertad.

¿Qué diremos en cuanto a la ira? ¿Sintió ira Jesús? Se nos dice de varias ocasiones cuando Jesús se enojó. Se enojó con los fariseos porque no querían que sanara en el día de reposo (Marcos 3:1-6). Sus reglas eran más importantes para ellos que el sufrimiento de un hombre. Jesús se enojó con los discípulos cuando trataron de impedir que los niños fueran a Él (Marcos 10:13-16). Se indignó y los reprendió en público. En dos ocasiones se enojó porque usaban el templo de Dios para negocio antes que para la oración. Hizo un látigo, derribó las mesas e hizo mucho ruido. Cualquier cosa que deshonraba o era falso en cuanto a Dios hacía enojar a Jesús.

Si eso es cierto, el abuso hace enojar a Jesús. El abuso es malvado. Es pecado. Daña a la víctima. Confunde a la gente en cuanto al carácter de Dios. Eso quiere decir que hace enojar a Jesús. Estar enojado con el abuso es algo bueno y recto. Muchos de ustedes sienten enojo por su abuso y el abuso de otros. Está enojado porque le presentaron a Dios con falsedad. Está enojado porque les contaron mentiras en cuanto a sí mismo y a Dios. Jesús también está enojado por esas cosas. Odia el pecado y su capacidad de destruir a los que Él ama. Jesús conoce el enojo.

Al mismo tiempo, debemos tener presente que el enojo es una emoción que se mueve a mucha velocidad. Se levanta y se expresa con rapidez. Es muy fácil dejar que nuestro enojo tome el control y actúe en forma impulsiva. Debemos recordar que somos pecadores. Somos egoístas. La Biblia dice que debemos ser «lentos» para enojarnos (Santiago 1:19). Somos cautelosos por una buena razón. El enojo de Jesús fluyó de un corazón perfecto. El nuestro fluye de uno que no es perfecto. Estar enojados como se debe exige mucho trabajo ante Dios. Requiere trabajo que dura toda una vida.

¿Sabe Jesús también qué es el dolor? Por supuesto que sí. Llevó nuestros dolores (Isaías 53:4). Jesús llevó todo el dolor que usted ha sentido, todo el dolor que cada sobreviviente ha sentido, todo el dolor que cada ser humano ha sentido. No sé cómo logró soportarlo. El Evangelio de Marcos nos dice que Jesús se sintió morir por el dolor (Marcos 14:34). Esto es sentirse como que se ahoga. Significa que se siente aplastado, abrumado por completo en la mente y los sentimientos. Es demasiado. Es insoportable.

Jesús también sintió eso. En varias ocasiones suspiró profundamente (Marcos 7:34; Juan 11:33). Este tipo de sonido expresa dolor para el cual no hay palabras. Jesús se conmovió. Lloró. Las lágrimas le corrieron por el rostro. Dios lloró abiertamente. No lo ocultó. No se hizo el inconmovible delante de los demás. Jesús lloró.

Usted que ha sentido tal pesar y dolor puede saber que Jesús sabe. No solo Jesús sintió dolor, sino que Él *llevó* el dolor suyo. Usted, que siente como si las lágrimas jamás fueran a parar, tiene un Redentor que ha llorado. Él se conmovió, se sintió morir, se abrumó con el peso del dolor. Él *sabe*.

Este Jesús que adoramos no es un ser pálido, desalentado, sin pasión. No solo sintió lo mismo que usted, sino que lo sintió con intensidad. Sus emociones fueron una representación fiel del corazón de Dios.

Algunos de ustedes, como resultado del abuso, se han convertido en personas desalentadas, sin pasión. Huyen de sus emociones. Otros son presa de sus emociones, las cuales suben y bajan, y con facilidad los conducen a creer mentiras de sí mismos y de Dios. Sepa con certeza que aunque tales sentimientos como el dolor y la ira pueden ser aterradores, Dios no quiere que los oculte. Él los sintió. Tenemos el llamado a ser como Él. Sepa también que Aquel que lo redimió es poderoso para llevar a cabo una obra de redención en sus emociones. No están fuera de su poder la sanidad y el control. Permítase morar en el sufrimiento emocional del Redentor, y deje que esas meditaciones lo lleven más cerca de Él para recibir comprensión, consuelo y sanidad.

20

Sanidad para su manera de pensar

En el capítulo 15 consideramos cómo el abuso sexual dañó su manera de pensar. Permítame recordarle que hay esperanza. La sanidad vendrá para sus patrones de pensamiento. Vendrá reemplazando las mentiras con la verdad. La sanidad vendrá a través del poder del Redentor. Escuche primero a las voces de estos sobrevivientes:

«Tengo casi cincuenta años y estoy comenzando a decir lo que pienso sin pedir disculpas. Todavía es una lucha. Todavía me explico demasiado. Todavía tengo problemas en dejar que mi "sí" sea "sí" y que mi "no" sea "no". Después que me silenciaron por tanto tiempo, expresar mis pensamientos en voz alta, aun pensar que tienen valor, es una experiencia nueva para mí».

«Mi manera de pensar era muy confusa. Pasé la mayor parte de mi vida fingiendo no recordar lo que me hizo mi papá. Fingía, ante mí misma y ante los demás, que tenía una familia perfecta. Cuando tenía veinticinco años de edad, me permití pensar y luego hablar sobre lo que era verdad. Me ha cambiado a mí y ha cambiado mi vida en forma irrevocable».

«Estoy aprendiendo, mediante la práctica continua, a darme cuenta de lo que es la verdad y lo que es mentira. No tenía la costumbre de ver para nada las mentiras. Luego logré verlas con

cierta ayuda. Ahora, cuando una mentira me cruza la mente, a menudo descubro que la reconozco por lo que es y lo que dice: "Un minuto, eso no es bueno. ¿Qué es verdad aquí y qué no lo es?". Es como usar los músculos por primera vez. Cuando se atrofian y uno trata de hacer algo con ellos, no trabajan muy bien. Sin embargo, con el paso del tiempo se vuelven cada vez más fuertes».

EL CAMINO HACIA LA SANIDAD

Si fue víctima de abuso sexual, su manera de pensar la formó el abuso. Ese no es un pensamiento agradable. Toda nuestra manera de pensar se modeló con las experiencias y la gente en nuestra vida. Es lamentable, pero el abuso no es una excepción. No solo eso, sino que los pensamientos que adquirimos en momentos intensos tienden a quedar arraigados en lo más profundo de nuestro cerebro. Si sufrió el abuso en forma crónica, ese «arraigamiento en su cerebro» sucedió una vez tras otra.

Por ejemplo, considere a una niña de seis años que con regularidad es víctima de abuso por un adulto que le dice cosas como: «Dios me dijo que hiciera esto», y «Dios quiere que los padres les enseñen a las hijitas de esta manera», y «Si no fueras tan mala, no tendría que hacerte esto», y «No eres sino basura». ¿Cuántas veces piensa que eso tiene que suceder para que esa niñita crea que esas cosas son ciertas?

Entonces, cuando la niña de seis años de edad va a la Escuela Dominical escucha que Dios la ama, que la va a proteger y que los padres aman a sus hijos. Al final, ¿qué creencias van a controlar la manera de pensar de esta niña, la enseñanza de la Escuela Dominical o los mensajes que escucha del abusador mientras la viola? El impacto del abusador y del abuso controlará la manera de pensar de la niña. El abuso, en ese caso, se convierte en la experiencia que domina a todas las demás. Es posible que la niña crea que Dios es fuerte, pero cree que su padre es más fuerte. Tal vez crea que Jesús ama a los niñitos, pero que es cierto que no la amaría a ella. Estos sentimientos de control llegan a ser las bases en las que se procesa toda la información.

Es importante notar que esta dinámica es posible «no solo» debido a la violación. La razón para eso es que el trauma puede destrozar del todo la forma en que se enfoca el mundo en menos tiempo que el que lleva que ocurra el trauma. La mayoría de nosotros no tiene una forma de enfocar al mundo que permita que nos violen en cualquier momento. No toleraríamos la ansiedad provocada por tal enfoque. Nos consolamos con pensamientos que suponen que mañana va a ser igual a hoy, o que si hago las cosas bien todo va a salir bien. Es por eso que cuando de pronto sucede algo malo (tal como un accidente), a menudo pensamos de inmediato: «Esto no me puede estar sucediendo». ¿Por qué no? ¿Es el mundo tan bueno que esas cosas no suceden? ¿Somos tan especiales que esperamos estar exentos de cosas malas?

Cuando ocurren cosas malas, tenemos que encontrar una manera de adaptar nuestra forma de pensar a fin de acomodar la nueva información que trajeron. En el capítulo 15 hablamos de algunas de las maneras que podemos usar: razonamiento contradictorio, disociación. En otras palabras, de alguna forma nos dividimos en la mente. Ponemos las cosas malas solas en un rincón a fin de seguir pensando lo que fuera que pensábamos antes que ocurrieran. El problema con esto es que tiene dos aspectos. En primer lugar, tal mecanismo casi nunca trabaja para siempre. En algún lugar a lo largo del camino, lo que sea que se ha colocado en el rincón, sale de allí y demanda atención. En segundo lugar, y más importante, vivir divididos no es vivir en la verdad.

Es probable que casi todos los que leen este libro fueran víctimas del abuso de alguna manera. ¿Qué saben que es verdad en cuanto a la vida? Que hay gente malvada rondando. El mundo está lleno de mentiras y de engaño. La gente hará cosas terriblemente violentas a otros para gratificar algo torcido en sí misma. Hay oscuridad, caos y basura por allí. La pena puede ser devastadora. El dolor puede ser continuo. La ira puede ser incontrolable. El temor puede abrumar. No tengo el control. No siempre logro protegerme a mí misma ni a los que amo. No siempre conseguiré lo que necesito. Puedo herir a otras personas. Soy capaz de mentir y engañar. Eso lo hace querer vivir mucho tiempo, ¿no es verdad? Claro.

Algunos de ustedes también saben que existe la belleza. Creen en el amor y lo han visto en acción. Han visto a algunas personas hablar la verdad aun cuando les ha costado. Han tenido una vislumbre de la luz que existe a su alrededor. Algunos quieren que solo las cosas que son buenas sean verdad, así que aparentan que las cosas malas no existen. Algunos han vivido tanto tiempo en las cosas malas que son incapaces de encontrar belleza y nunca han sentido el amor.

¿Cómo vivimos con esas realidades? ¿Cómo lo hacemos sin un razonamiento contradictorio o fingimiento o negación? ¿Cómo lo hacemos y estar cuerdos? Estar cuerdo significa vivir según la realidad, la verdad. Tanto el bien como el mal son realidades; ambos son verdad. Muchos vivimos con el uno o con el otro.

El Nuevo Testamento nos da una salida para mirar a nuestro dilema: «Sabemos que somos hijos de Dios, y que el mundo entero está bajo el control del maligno. También sabemos que el Hijo de Dios ha venido y nos ha dado entendimiento para que conozcamos al Dios verdadero» (1 Juan 5:19-20). Este pasaje indica con claridad la tensión en que vivimos. Nos dicen que quienes llegan a conocer y a amar a Cristo son hijos de Dios. Nos dicen que los hijos de Dios viven en un mundo muy peligroso. Esto se evidencia en la oración de Jesús por nosotros de que nos protejan del maligno (Juan 17:15). Las Escrituras nos aseguran que el maligno, al fin y al cabo, no nos puede dañar, aun cuando por ahora vivimos en un mundo que yace bajo sus garras. Jesús mismo llama a nuestro enemigo «el príncipe de este mundo» (Juan 14:30). El maligno codicia el poder y gratificará esa codicia a cualquier costo. Es el destructor, el asesino. Es el padre de mentiras y el engañador por excelencia. Es el acusador y el que ronda alrededor de los hijos de Dios. ¿Recuerda lo que dijimos cuando miramos entre bastidores en el capítulo 12?

El pasaje de 1 Juan explica el mundo en el que vivimos, ¿no es verdad? No escatima las palabras ni suaviza el golpe. Hace ver al mundo como un lugar horrible para vivir. Hace que cosas como el abuso sexual, la violencia, la perversión, el engaño parezcan conclusiones lógicas del control del maligno. Si todo el mundo yace bajo el poder del maligno, suceden, por supuesto, estas cosas. Hay verdad allí. Es una verdad que queremos evadir. Preferiríamos hacerla bonita. Queremos que Dios haga que dejen de ser una realidad. Es, sin embargo, verdad.

Aun así, no es *toda* la verdad.

Además, el pasaje dice: «*También* sabemos que el Hijo de Dios ha venido» (énfasis añadido). Y no solo Cristo vino, sino que le dice al príncipe de este mundo que no tiene autoridad sobre Él. Este mundo transitorio y su príncipe están a punto de terminar. El poder del maligno va a terminar. Mientras tanto, al esperar gimiendo con toda la creación (Romanos 8:22), el mundo en realidad es un desastre y el abuso duele muchísimo. *Sin embargo,* sabemos que llegó el Dador de la vida. Sabemos también que llegó el Dador de la sanidad. Él es el que ama nuestras almas, el que lleva nuestras cargas. Sabemos que llegó el

Consolador. No solo llegó, sino que se nos dice que «nos ha dado entendimiento para que conozcamos al Dios verdadero». *No* se nos da entendimiento a fin de que entendamos por completo a Dios o el misterio del porqué sufre este mundo. Se nos *da* entendimiento para que lo conozcamos a Él. Y a medida que lo conocemos cada vez más, Él obra a fin de transformarnos a su imagen, comenzando en nosotros la obra que algún día será evidente en todas las cosas.

Debido al maligno, necesita sanidad. Dios ha provisto una manera para que conozca al Sanador. Debido al maligno, necesita amor. Dios ha provisto una manera para que conozca al que ama nuestras almas. Debido al maligno, necesita a alguien que lo ayude a llevar su terrible dolor. Dios ha provisto una manera para que conozca a Aquel que lleva nuestras cargas. Debido al maligno, necesita consuelo. Dios ha provisto una manera para que conozca al Consolador.

Deténgase un momento y haga dos listas en su cuaderno. En primer lugar, ¿cuáles son las verdades que conoce y que encajan con la verdad de Dios que dice que este mundo está bajo el poder del maligno? En segundo lugar, ¿cuáles son las verdades que conoce en cuanto al Hijo de Dios que vino? No escriba lo que cree que debería escribir. Escriba lo que *sabe*. Algunos quizá tengan muchas cosas en la primera lista, pero es posible que no logren nada en la segunda lista salvo el hecho de que vino el Hijo de Dios. Este no es un examen de teología. Solo hable la verdad de lo que *usted* sabe.

LA VOZ DEL REDENTOR

Nuestro Redentor no solo habitó en un cuerpo como el nuestro y sintió las emociones que sentimos, sino que también estuvo en el centro de la batalla entre las mentiras y la verdad. Él, que es la verdad, peleó en la guerra contra el padre de mentiras. Él sabe lo que significa pelear con las mentiras y el engaño. Él conoce la fuerza de algunas de esas mentiras. Él peleó contra el mismo mentiroso a fin de que usted tenga esperanza para vivir en la verdad.

Usted vive en un mundo en el cual se ha encontrado con gente malvada. Lo mismo que Él. Algunos han conocido la violencia debido a las necesidades torcidas de otros de encontrar gratificación. Lo mismo que Él. El Señor también encontró tinieblas, caos y basura. Fue al infierno, el lugar de mayor oscuridad y caos. Él, quien es el soberano sobre todas las cosas, sabe lo que es que le sucedan cosas odiosas y no tener el control. Él, que es nuestro refugio, sabe lo que es estar sin protección, no solo de la furia del enemigo, sino también de la ira de Dios. Él sabe lo que es no conseguir lo que se necesita. No tenía donde dormir. Él, que creó la comida y el agua, sufrió hambre y sed.

¿Por qué sigo señalándole la experiencia del Hijo de Dios? Porque no le puedo explicar el misterio del sufrimiento. No tengo una respuesta satisfactoria de por qué Dios permite el abuso. No sé por qué a algunos niños se les permite sufrir tan profundamente sin que ningún ser humano los ayude. No sé por qué Dios no lo detiene. No voy a pretender tener respuestas para preguntas con las que sé que usted lucha a brazo partido. Sin embargo, conozco el carácter de Dios. Ese carácter se reveló en Jesucristo. Dios vino y tomó un cuerpo como el suyo, caminó por este mundo que estaba bajo el poder del maligno y estuvo sujeto a todos sus horrores. Sintió lo que usted sintió, y aun más. Luchó con las mentiras. Soportó un dolor inimaginable. Él *sabe*. Él fue hecho como nosotros a fin de servirnos con misericordia y fidelidad (Hebreos 2:17). Él fue hecho como nosotros de modo que cuando le hablemos de cosas que nadie más entiende, Él las va a entender. A usted lo comprenden. Usted tiene sentido para Él. Dios es el que puede ayudarle a desenredar las mentiras de la verdad.

Escuche las palabras de una sobreviviente a medida que reflexiona en el proceso de terapia, su lucha por dar voz a su vida y su guerra con las mentiras resultantes: «Hay un misterio en que nos escuchen. Al hablar los terribles secretos a la luz del día se mata mucho de su poder. Cuando toma una mentira del foso y la pone contra la verdad de Cristo, la ve por toda su maldad e intimidación. Una y otra vez dígale a una niña que no es digna de protección y ella no solo lo cree, sino que lo vive. Años más tarde, tenga el valor de luchar con ella y mostrarle que es tan importante que Dios estuvo dispuesto a morir por ella. De pronto todas esas mentiras comienzan a caer a los pies de la cruz. Es posible que todavía duela algunas veces. Tal vez se siga atormentando en ocasiones, pero ella no vive con esas mentiras de la misma manera. Más bien hay dolor sobre cómo y cuándo se hicieron esas mentiras, dolor por los que las dijeron y dolor de que existan mentiras. Es una lucha muy diferente. Es una lucha en cuanto a vivir en lugar de morir. Es un buen lugar para comenzar».

Hay un Redentor. Él es la verdad, y la verdad lo hará libre.

21

Sanidad para sus relaciones

En el capítulo 16 consideramos cómo el abuso sexual dañó sus relaciones. Permítame recordarle que hay esperanza. La sanidad vendrá para sus relaciones. Vendrá a medida que recibe liberación de sus temores y se capacita para marchar hacia delante en amor. La sanidad vendrá por medio del poder del Redentor. Escuche primero las voces de estos sobrevivientes:

> «*La pérdida de la confianza ha afectado mi vida de una manera tan profunda y total que no creo que sanaré del todo en esta esfera excepto cuando esté en el cielo con Jesús. Sin embargo, estoy creciendo y estoy teniendo más confianza. Es más, nunca creí que pudiera confiar tanto como lo hago ahora. Así que, ¿quién sabe cuánto creceré?*»

> «*Estoy aprendiendo a no exigir que otros sean para mí lo que no pueden ser. Yo era una persona muy necesitada y tenía expectativas muy altas. Era humanamente imposible que la gente fuera lo que yo quería que fuera. Estoy aprendiendo a reconocer las limitaciones de los demás lo mismo que las mías. Le estoy pidiendo a Dios que transforme cada día mi manera de pensar en cuanto a mis relaciones. Es lento, pero estoy aprendiendo algo sobre su gracia cuando trato con otros*».

> «*Una de las verdades más libertadoras para mí en cuanto a mis relaciones ha sido algo que me*

enseñó la terapeuta. Cuando no me gusta algo que sucede en una relación, antes que todo puedo hablar la verdad con amor. Muchas veces nada sucede. Yo solía sentir pánico y comenzaba a empujar y a exigirle a la otra persona. En cambio, estoy aprendiendo a confiar en la obra del Espíritu de Dios en esa persona. Él se moverá en cada una de nuestras vidas y será el que traiga el cambio».

EL CAMINO HACIA LA SANIDAD

En el capítulo 16 hablamos sobre cómo el abuso ocurre en el contexto de las relaciones. Las resultantes mentiras y la confusión se derraman en nuestras relaciones. Tal vez terminamos aislados cuando anhelamos la intimidad. Se pierde la confianza, y vigilamos nuestras fronteras, protegiéndonos con mucho cuidado de algún daño. Los límites, los nuestros y los de otras personas, tienen poco sentido cuando los demás los pasaron por alto en repetidas ocasiones. Nos entrometemos y otros se enojan o se sienten molestos. Nos comprometemos demasiado al no entender que los límites son normales y que es bueno decir no. Anhelamos el amor y, sin embargo, erigimos una pared. Confiamos de forma ciega. Nos sentimos abrumados y complicados y queremos rendirnos.

Es importante entender que solo no puede explicar sus relaciones. Aprendemos sobre las relaciones en las relaciones. Se supone que aprendamos sobre relaciones mientras crecemos, lo ideal es que fuera de nuestros padres. Aprendemos de nuestros padres a medida que ellos interactúan con nosotros y cuando nos enseñan de manera directa: «No, no hagas eso», o: «Esa es una buena respuesta para esta situación». Aprendemos de ellos por lo que hacen. Es lamentable, pero algunas veces nos enseñan cosas que no son buenas.

Uno de los componentes clave en las relaciones sanas es entender lo que es realista esperar. Cuando crecemos en un ambiente negativo, hacemos una de dos cosas. En primer lugar, algunos de nosotros no esperamos nada. Nunca abrimos la boca, nos expresamos o pedimos algo. Ni siquiera se nos ocurre. Las relaciones significan descifrar lo que quieren otras personas y dárselo, a fin de que no nos hieran. Si lo que pensamos, quisimos o necesitamos no importó durante dieciocho años, ¿por qué vamos a suponer que el resto del mundo va a ser diferente? Es triste, pero mucha gente va a continuar aprovechándose de nosotros lo que reforzará las lecciones aprendidas. En segundo lugar, otros nos daremos cuenta de que lo que recibimos está mal. Tratamos de descifrar cómo tendría que ser la vida. Este proceso se complica con nuestros anhelos y el resultado es por lo general expectativas irreales. Por ejemplo, si creció en un hogar lleno de cólera, es probable que espere que en un hogar en el que las personas se muestran amor mutuo, no se va a expresar ninguna clase de enojo. Entonces cuando ve que es así, siente pánico, suponiendo que el enojo significa el colapso del amor.

Usted no puede resolver cómo expresarse a otras personas sin estar en una relación con ellas. No aprende a tener expectativas realistas a menos que esté en una relación con la gente. Esto quiere decir que para crecer en el aspecto de las relaciones, tendrá que tener una relación. Da miedo, ¿no es verdad?

¿Cómo se logra establecer relaciones que lo ayuden cuando en realidad no sabe lo que debe buscar? Al principio, los dos mejores lugares que conozco en que se puede hacer eso son dentro de una relación de consejería y en la comunidad de una iglesia. Esos no son lugares perfectos; se pueden encontrar algunas personas malvadas en la profesión de consejería y en la comunidad de la iglesia. Sin embargo, creo que la consejería y la comunidad de la iglesia son aún los dos mejores lugares. En los capítulos 23 y 24 ofreceremos pautas sobre cómo encontrar un buen consejero y cómo la gente en la comunidad de la iglesia puede caminar a su lado en forma eficaz. Confío en que esas pautas le den capacidad de discernimiento, aunque no lo protegerán del daño.

Ninguna relación está exenta de daño. No todo el daño es abuso y no todo el daño lleva al abuso. Aprender a diferenciar el daño «normal» del «anormal» es un proceso difícil. Aprender a responder cuando está dañado de cualquiera de las dos formas también es difícil. Aprender a aferrarse a la verdad de que las cosas malas de los demás son manifestaciones de lo que hay en sus corazones, antes que un comentario sobre lo terrible que es usted, va a llevar muchas repeticiones. Tener el valor de mirarse a sí mismo y a su propio corazón en lugar de enfocarse en lo que otros le dan y cómo debe protegerse de ellos, va a ser un trabajo duro.

Usted desea que lo ame alguien real. Eso es normal. Lo *hicieron* para vivir en relaciones. Quiere hablar y que le escuchen. Quiere tener importancia. También se creó para eso. Las personas con las que se relacionará anhelan lo mismo. Nos lleva a todos nosotros una vida entera de crecimiento y de aprendizaje conducir las relaciones de una forma que no sea destructiva ni para nosotros ni para los demás.

Las bases de las relaciones

Si usted fue víctima de abuso sexual, la base para la mayor parte de sus relaciones es el temor. El temor, que es el resultado del trauma de abuso, ha impactado cada una de sus relaciones y produce precaución, cautela y observación cuidadosa. El temor provoca la autoprotección. Tales características no son del todo malas. *Deberíamos* ser precavidos en nuestras relaciones. *Deberíamos* observar a los demás. Y siempre *deberíamos* alejarnos de algunas situaciones. Sin embargo, hay una tremenda diferencia cuando esas respuestas son el resultado del amor antes que del temor.

El temor vigila; el amor da la bienvenida. El temor oculta; el amor persevera. El temor se retrae en sí mismo; el amor se expresa. El temor produce pánico; el amor espera. El temor lleva cuentas; el amor perdona de buena gana. Librarse del temor para entrar en el amor es un cambio tremendo. El apóstol Juan nos dice: «En el amor no hay temor, sino que el amor perfecto echa fuera el temor. El que teme espera el castigo, así que no ha sido perfeccionado en el amor» (1 Juan 4:18).

Algunas veces las personas tienen el falso concepto de que actuar motivados por el amor hacia alguien quiere decir hacer lo que quiere esa persona. Eso no es amor. Si me relacionara con usted con temor, haría cosas que me protegerían motivada por el temor. Si me relacionara con usted motivada por el amor, no solo dejaré a un lado lo que quiero por lo que usted quiere. Tal vez quiera algunas cosas muy malas. Yo no debo cambiar que me gobierne mi naturaleza egoísta de modo que me domine la naturaleza egoísta de usted. En cambio, si me relaciono con usted motivada por el amor, lo que haga se gobernará por el amor de Dios, y es probable que el amor de Dios me pida que haga algunas cosas que son difíciles. El amor de Dios me puede llamar a que deje ciertas cosas que prefiero proteger. Es probable que me exija que le hable a usted verdades que preferiría no hablar. Una cosa sé: El amor de Dios me va a llamar sin cesar a hacer cosas que no me resultan naturales. Dejará al descubierto mi corazón. Descubriré que a menudo cuando parezco ser amorosa a un observador, en realidad sirvo a mis propósitos, protegiendo mi reputación, ganando puntos. También notaré que cuando un observador tal vez juzgue mis acciones como faltas de amor, es posible que haga algo muy difícil, algo que realizo motivada por la simple obediencia a Dios.

El versículo que mencionamos antes dice que el temor está relacionado con el castigo. El temor nos lleva a castigar a otras personas. Castigamos cuando buscamos venganza porque alguien hizo algo que temíamos que haría. Castigamos cuando odiamos. Castigamos cuando nos refrenamos o distanciamos. Castigamos cuando no decimos la verdad. Castigamos cuando no actuamos en amor.

El temor también atormenta. Vivo temerosa de que me vaya a herir. Temo que no me vaya a dar lo suficiente, suficiente atención, adoración, amor. El temor me lleva a que mida de continuo. El temor me atormenta para que me asegure que me oculto como es debido. El temor me atormenta y me pregunto si usted descubrirá algo y entonces va a rechazar lo que soy en realidad. El temor jamás descansa.

En los capítulos anteriores hablamos bastante sobre la verdad y las mentiras. Hablamos de la oscuridad y de la confusión que resultan de las mentiras. Hablamos de la libertad que trae la verdad. Sé que usted anhela la verdad, la luz y la libertad. Al leer un pasaje del Nuevo Testamento, aprendí algo sorprendente en cuanto a ver con claridad. «El que ama a su hermano permanece en la luz, y no hay nada en su vida que lo haga tropezar. Pero el que odia a su hermano está en la oscuridad y en ella vive, y no sabe a dónde va porque la oscuridad no lo deja ver» (1 Juan 2:10-11).

Según este pasaje de las Escrituras, si queremos ver con claridad, debemos amar. Cuando no amamos, no vemos claras las cosas. La palabra griega *odia* en este versículo quiere decir literalmente «amar menos». Eso abarca mucho. Si odiamos, nos resentimos con alguien o le tememos, invitamos a la oscuridad a que venga a nuestras vidas. Seremos ciegos y tropezaremos. Eso quiere decir que la cosa que esperamos que resulte de nuestro temor, la autoprotección, es lo que se va a destrozar. No estamos a salvo si caminamos en la oscuridad y a tropezones.

Ahora bien, sé que esto toca unos asuntos enormes y volátiles tales como el perdón. Saca a la luz sentimientos que se enterraron hace mucho tiempo, sentimientos que son muy profundos. Sé que cualquier mención de perdón y de amor cuando ha sido víctima de abuso sexual y que ha dejado los escombros de esa experiencia en su vida resulta en fuertes emociones. Escuche a estos sobrevivientes:

> «Tengo heridas que me infligieron personas que me usaron en un esfuerzo por satisfacer sus propias necesidades en forma ilegal. He hecho lo mismo cada vez que he tratado de controlar una relación para lograr recibir afirmación. He estado reclutando mi propio círculo de «personas que suplen mis necesidades». Aun cuando mi enfoque era ser la que ayuda, todavía era un esfuerzo por cuidarme a mí misma. Comencé a reconocer que yo también usaba a otros seres humanos para mis propósitos. El reconocimiento de que abusaba de la gente me enfermó a tal punto después de mi propia experiencia de abuso, que me condujo a la cruz de una manera más profunda de la que jamás había experimentado. El poder de Jesús de sanar mis heridas es mucho mayor de lo que jamás pensé. Para mi sorpresa, no es tan importante para mí como su poder de perdonar mis pecados. Hay redención».

«*Estaba llena de odio. Racionalizaba mi actitud creyendo que aunque Dios nos ofrece perdón, nosotros también tenemos que pedírselo. Puesto que nadie me pedía perdón a mí, yo no debía otorgarlo. La Palabra de Dios no se puede negar. Poco a poco comencé a ver mi pecado. Una vez tras otra Jesús nos enseña que amemos a nuestros enemigos y que les ofrezcamos perdón de manera incondicional. Yo no creo que mi familia merezca el perdón, pero esa no es la cuestión. Anhelaba ser libre de la amargura y la ira que me destrozaban. De forma gradual comencé a aceptar la posibilidad del perdón y mi vida comenzó a cambiar. Dios me ablandó el corazón y me llenó de su amor. Fue como abrir las ventanas en un hermoso día primaveral. Creo que el perdón es parte del proceso de sanidad y es en sí un proceso. El perdón tiene muy poco que ver con el abusador. El perdón tiene que ver con la libertad de pensamientos y emociones destructivas. El perdón tiene que ver con la comunión con Dios*».

LA VOZ DEL REDENTOR

En capítulos anteriores dijimos que Jesús habitó en un cuerpo, sintió emociones y enfrentó mentiras. Jesús también vivió en relaciones con otras personas. Nosotros también vivimos en una relación con Dios. ¿Cómo eran las relaciones para Aquel que fue el amor perfecto?

Piense en algunos de los componentes de su abuso en un sentido relacional. Nos vienen a la mente palabras tales como *rechazo, traición, ridículo, testigo silencioso y abandono*. Estas palabras describen experiencias aterrorizadoras y desgarradoras. Vivir a través de una de ellas es vivir algo terrible. El abuso a menudo las incluye todas y algunas más.

¿Experimentó Jesús el rechazo? Por supuesto que los líderes religiosos de esos tiempos lo rechazaron. Dijeron que estaba poseído de demonios y que tenía un espíritu inmundo (Marcos 3:20-30). Juzgaron y encontraron culpable a la única Persona sin pecado que vivió en este mundo. Lo desvirtuaron y no le creyeron. Sus seguidores lo abandonaron e, incitadas por los líderes, lo arrojaron a la muerte. Al Redentor lo rechazaron sus discípulos. Los hombres a quienes les enseñó y a quienes amó al final huyeron atemorizados.

¿Experimentó Jesús la traición? No cabe duda que Judas lo traicionó, uno de los que estuvo en su círculo más íntimo. Al Redentor lo traicionaron las multitudes que recibieron su toque personal por muchos de sus milagros.

Jesús supo lo que era el ridículo. Se burlaron de Él, lo despreciaron y lo atormentaron. Sus palabras no se consideraron creíbles. Muchos fueron simples espectadores y sabían que Él no merecía la muerte; sirvieron de testigos silenciosos. Hicieron la vista gorda y no hicieron nada. Todos abandonaron al Redentor.

Tal vez lo más asombroso es que el Padre, a quien Jesús amaba y sirvió en forma perfecta, lo abandonó, lo rechazó y guardó silencio mientras moría. Este es el lugar más oscuro que jamás existiera en una relación. El Redentor sabe lo que es el abandono total.

¿Quién lo ha traicionado? ¿Su padre? ¿Su madre? ¿Su tío, su abuelo, su hermano o un maestro? Jesús sabe cómo se siente el aguijón de ese dolor. ¿Quién lo ha rechazado? Algunos de ustedes han experimentado el rechazo de muchas personas: el abusador, sus compañeros, sus iglesias, sus cónyuges. Jesús sabe cómo se siente esa soledad. A otros los han abandonado las personas que deberían haber estado a su lado. Algunos solo observaron el abuso en silencio y no hicieron nada. Jesús sabe la oscuridad de eso. A muchos pusieron en ridículo. Fueron víctimas de abuso sexual y luego se burlaron de ustedes «por no haberlo hecho como es debido». Los criticaron, traicionaron y atormentaron de palabra. Su Redentor sabe la humillación de eso.

El dolor relacional es un dolor profundo. No es una herida superficial. Jesús conoce la profundidad de su dolor. El Señor lo llama para que le entregue todo su dolor y todas sus heridas porque Él tiene cuidado de usted (1 Pedro 5:7).

Hay un Redentor. Él sana heridas, liberta a los cautivos, perdona el pecado y entiende el dolor.

22

Sanidad para su espíritu

En el capítulo 17 consideramos cómo el abuso sexual dañó su espíritu. Permítame recordarle que hay esperanza. La sanidad vendrá para su espíritu. Vendrá mediante el aprendizaje del carácter de Dios según se reveló en Jesucristo. La sanidad vendrá por el poder del Redentor. Primero escuche estas voces que describen lo que Él experimentó:

> *«Despreciado y rechazado por los hombres, varón de dolores, hecho para el sufrimiento. Todos evitaban mirarlo; fue despreciado y no lo estimamos».* (Isaías 53:3)

> *«Mira a mi derecha, y ve: nadie me tiende la mano. No tengo dónde refugiarme; por mí nadie se preocupa».* (Salmo 142:4)

> *«Los insultos me han destrozado el corazón; para mí ya no hay remedio. Busqué compasión, y no la hubo; busqué consuelo, y no lo hallé».*
> (Salmo 69:20)

> *«Los lazos de la muerte me enredaron; me sorprendió la angustia del sepulcro, y caí en la ansiedad y la aflicción».* (Salmo 116:3)

> *«Como perros de presa me han rodeado [...] con satisfacción perversa la gente se detiene a mirarme».* (Salmo 22:16-17)

«Con arrogancia persigue el malvado al indefenso
[...] se burla de todos sus enemigos [...] Se esconde
en espera de sus víctimas [...] Bajo el peso de su
poder, sus víctimas caen por tierra. Se dice a sí
mismo: "Dios se ha olvidado. Se cubre el rostro.
Nunca ve nada"». (Salmo 10:2, 5, 8-11)

«Dios mío, Dios mío, ¿por qué me has
abandonado? Lejos estás para salvarme, lejos de
mis palabras de lamento». (Salmo 22:1)

«A fin de llevar a muchos hijos [e hijas] a la
gloria, convenía que Dios, para quien y por medio
de quien todo existe, perfeccionara mediante el
sufrimiento al autor de la salvación de ellos».
(Hebreos 2:10)

EL CAMINO HACIA LA SANIDAD

Sé que muchos de ustedes luchan con afán en su relación con Dios. Algunos le tienen miedo a Dios. Muchos no le tienen confianza. Otros se sienten demasiado sucios como para ir a Dios. Otros han abandonado la esperanza de cualquier relación con Él. Le tienen miedo, no lo quieren o están seguros de que Él nos los ama, así que en realidad no importa.

También sé que luchan mucho con preguntas en cuanto a su vida y a sí mismos. ¿Por qué a mí? ¿Por qué a nadie? Dios lo podría detener, ¿por qué no lo hace? ¿Cómo confío en Aquel que dejó que sucediera? ¿Cómo logro saber que Él no dejará que suceda de nuevo? ¿Qué clase de Dios es Él? ¿Por qué me querría a mí? Y si Él me quiere, ¿qué tengo que hacer para que me continúe queriendo?

En el umbral de la esperanza

Ya he confesado que no puedo contestar tales preguntas. No le puedo dar respuestas que traigan como resultado su satisfacción. No conozco a nadie que sea capaz de hacerlo. No puedo contestar los porqués. Solo le puedo hablar de *quien*.

Como seres humanos, nos esforzamos mucho por entender las cosas. Queremos entender el tiempo, las maquinarias y a otras personas. Queremos entendernos a nosotros mismos. Algunas veces sentimos el impulso de explicar por qué suceden los desastres, por qué esta maquinaria es buena, por qué alguien nos hirió, o por qué hicimos una cosa de cierta manera. No es malo querer entender. Dios nos dio una mente que trabaja de esa forma. Muchas cosas maravillosas han ocurrido en este mundo debido a nuestra habilidad y deseo de entender.

El problema no es que queramos entender. El problema es que no podemos entenderlo todo. Nuestras mentes son finitas, limitadas. Eso quiere decir que hay cosas que nunca entenderé. Algunas de mis limitaciones solo se deben a la clase particular de mente que tengo. *No* es una mente que trabaja como una máquina. (¡Un buen número de mis amigos le pueden dar testimonio de esto!) Algunas de mis limitaciones se deben a la falta de estudio. Soy perfectamente capaz de comprender algunas materias si me tomo el tiempo de estudiar. (¿Quién sabe, tal vez hasta podría llegar a entender las máquinas?) Algunas de mis limitaciones se deben a mi calidad de persona finita. No importa todo lo que estudie ni cuán buena sea mi mente, hay algunas cosas que no puedo entender. Soy una persona pequeña en un universo enorme, con un cerebro finito. Dios, en su totalidad, no puede caber en mi cerebro.

El resultado de todo esto es que no entenderé muchas cosas sobre Dios. ¿Y adivine Quién decide lo que son la mayoría de esas cosas? ¡No soy yo! Dios nos ha revelado lo que Él quiere que sepamos. Hay muchas cosas que no nos ha explicado. El porqué del sufrimiento es una de ellas.

Mi padre sufrió una enfermedad que lo debilitó por más de treinta años. Ese hecho influyó en mí de maneras que cambian la vida. Hasta ahora, no puedo decirle por qué sufrió mi padre. Puedo decirle lo que aprendí de mí misma y otros debido al sufrimiento de mi padre. Le puedo decir cómo eso ha afectado mi trabajo con el sufrimiento de otras personas. Le puedo decir que he aprendido muchas cosas acerca de Dios como resultado de esa experiencia. Sin embargo, no puedo decirle por qué ocurrió.

Oculta en una profecía de Isaías se encuentra esta hermosa promesa del Señor: «Te daré los tesoros de las tinieblas, y las riquezas guardadas en lugares secretos, para que sepas que yo soy el SEÑOR [...] que te llama por tu nombre» (Isaías 45:3). Este mundo pudo ser un lugar muy oscuro. Usted ha vivido en lugares donde hay oscuridad. Conoce el dolor y el peso de esos lugares. Aun así, no entiende por qué fue allí. No lo quería, y no quiere lo que le hizo a usted.

No le puedo explicar los porqués de Dios. *Puedo* hablarle del carácter de Dios, y es allí que encontrará los tesoros que están escondidos en las tinieblas. Es difícil cambiar la pregunta. Comenzamos con por qué. Eso es comprensible. Es difícil cambiar de «¿Por qué sucedió?», a «¿Quién es usted?» Una de las razones es que damos por sentado que eso *que* nos pasó nos enseña *quién* es Dios; pero no es así. Vivimos en un mundo que yace bajo el poder del maligno y todo lo que él hace está lleno de mentiras. Las mentiras que tienen el propósito de que creamos que Dios no es bueno, sino malo. Si en forma absurda permitimos que las circunstancias nos digan quién es Dios, vamos a creer cosas abominables en cuanto a Él. Muchos lo hacen.

En el umbral de la esperanza

Es mi anhelo y oración que uno de los resultados de leer este libro sea un deseo en usted de conocer a Dios según se revela en Jesucristo. En Juan 1:18 se nos dice que Jesús nos ha explicado al Padre. Si quiere saber quién es Dios, estudie a Jesús. Las citas bíblicas al comienzo de este capítulo son sobre este Jesús. Él «puede» ser su Salvador porque también sufrió de la oscuridad.

Cuando sentimos dolor y se lo decimos a la gente, queremos y necesitamos comprensión. Necesitamos que la gente «lo capte», y necesitamos saber que lo captaron. Una persona que no entiende nuestro sufrimiento no puede caminar a nuestro lado. Muchos de ustedes han tenido personas que no son capaces de ayudarlos. ¿Qué sucedió? Los hirieron aun más. Jesús sí puede ayudarlo, es la persona perfecta. ¿Por qué? Porque sufrió.

El tesoro en la oscuridad es Cristo. Usted no lo va a encontrar con la gente bella. Él no pertenecía a ese grupo. No lo va a encontrar entre los apreciados, protegidos y admirados. Él no era uno de ellos. Lo va a encontrar con los rechazados, los traicionados, los abandonados, los maltratados y los ridiculizados. Lo va a encontrar con los sucios, los endemoniados y los marginados. Y cuando lo encuentre en los lugares oscuros y secretos, lugares que usted ha querido quitar de su vida, se dará cuenta de que Él *sabe*. Y no solo sabe, sino que lo conoce a usted por su nombre.

LA VOZ DEL REDENTOR

¿Cómo empieza a encontrar a Jesús? Lo va a encontrar en su Palabra. En la Biblia encontrará mucho relacionado a su sufrimiento, al abuso, a los sentimientos resultantes y a quién es Jesús. Estudie el Salmo 10 donde David lucha con los que abusaron de él. Lea el Salmo 22 donde va a encontrar cosas sobre la experiencia de Jesús. Siga formulándose la pregunta: «¿Quién es Él?». Vaya al Salmo 86 donde David batalla en su interior con los malvados que lo rodeaban y con su deseo de buscar a Dios. Estudie el Salmo 88, que termina con estas palabras: «Ahora solo tengo amistad con las tinieblas». El capítulo 53 de Isaías le va a destacar el sufrimiento de su «apropiado» Salvador y le traerá consuelo. Estudie los Evangelios, procurando entender la experiencia de Jesús en lo que respecta a las esferas que consideramos: su cuerpo, sus emociones, las mentiras y la verdad, sus relaciones y su andar con su Padre.

A menudo, cuando trabajo con sobrevivientes en estas esferas, los animo a que indaguen con seriedad en las Escrituras. Una de las maneras de hacerlo es escribir en su cuaderno a medida que lee. En el minuto que algo le salta de la página, deténgase. Tenemos la tendencia a leer hasta el final del capítulo, como si de alguna forma eso fuera lo que hay que hacer. Es mucho mejor detenerse y luchar con una frase que continuar por la razón de terminar de leer una parte. A menudo fracasamos en lo referente e escuchar y obedecer la obra del Espíritu cuando nos proponemos terminar a toda costa.

Ponga lo que leyó en forma de oración a Dios. Use las palabras de las Escrituras para que le ayuden a expresar su dolor, sus preguntas, su temor y su ira. Escriba esas oraciones en su cuaderno.

Escriba los pasajes de las Escrituras usando sus propias palabras. Personalícelos. Tome Isaías 53 y escríbalo de manera que hable de su propia vida. Luego mire con detenimiento a las similitudes entre su vida y la vida de Jesús. ¿Sabe Jesús?

Escuche la voz de esta sobreviviente (a quien llamaré Julia), quien personalizó Isaías 53 y lo escribió como si fuera Jesús el que habla:

«No había nada en cuanto a mí ni que se destacara en mí que hiciera que alguno me quisiera o quisiera estar conmigo, mucho menos escucharme. No era atractivo. Mi cuerpo estaba en mal estado. La gente daba vuelta el rostro cuando me veía. Usaba ropas viejas. Era pobre. Mis compañeros se reían de mí y me rechazaban los que eran mayores que yo.

»Me despreciaron. Los niños que me rodeaban me rechazaban. Sé lo que se siente cuando se es herido. Sé lo que significa tener el corazón tan lleno de dolor que parece que no se puede aguantar más, sin embargo, el dolor continúa. Sé lo que es que la gente se dé vuelta y mire para otro lado. Sé lo que es tener una vida de dolor y angustia. Sé cómo se siente, sé lo que es sufrir, sufrir hasta el punto de saber que no solamente estoy solo, sino que a nadie de los que están conmigo les importa, y también sé que voy a morir. No hay nadie a quien pueda ir y nadie escucha. Nadie escuchó mi clamor pidiendo ayuda y quitó la herida y el dolor que me desgarran por dentro y que hacen que no me preocupe por cómo me veo en mi exterior.

»Lo sé. Sé por qué mi Padre permitió que este mal sucediera en mi vida para poderte entender mejor, Julia. Él dijo que me amaba, ¿pero cómo es posible cuando permitió que esas cosas tan horribles me sucedieran? Él permitió que otros me destrozaran, que me golpearan la espalda y que me humillaran. Me cortaron hasta que la piel me sangraba. La maldad de otros hombres me aplastó. Me escupieron. Me maldijeron por lo que era y me hicieron responsable de todas las cosas que sucedían. El castigo que otros merecían cayó sobre mí. Me hirieron, golpearon y humillaron. Mi corazón se destrozó. Mi voluntad de vivir murió. La habilidad de ver las cosas con claridad desapareció; pero tenía que vivir. Tenía que permanecer estable. Tenía que pararme firme. Tenía que ser alguien. Pasé por todas las cosas, todo lo que se pueda imaginar estaba allí. Sufrí todas las cosas que tú has sufrido o que vas a sufrir algún día. Sé de lo que se trata. Sé lo que significa. Conozco el dolor en lo más recóndito de tu corazón. Sé lo que es el dolor de que me claven clavos en el cuerpo.

»Sé lo que es el rechazo de los que te aman, lo he experimentado en lo personal y con intensidad. Me colgaron en una cruz y solo faltaba poco para morir. No dudaba en absoluto que Dios miraba para otro lado. Se olvidó de mí. Me dejó solo; Él podría haber cambiado las cosas. Podrían haber sido diferentes. Yo lo necesitaba y clamé a Él, pero en cambio me dejó que muriera. Se olvidó de mí, me dejó solo. En un momento cuando más lo necesitaba, dio vuelta el rostro y miró para otro lado.

»Ahora escúchame, Julia. Me hirieron para que tú pudieras venir a mí con tus heridas. Me despreciaron para que tú pudieras venir a mí cuando alguien te vuelva el rostro y odie. Me maltrataron para poder entenderte. Abusaron de mí para poder amarte. Me azotaron para saber lo que se siente al ser golpeado. Me golpearon las manos y los pies con palos, y abrieron mi costado. Me pusieron una corona de espinas en la cabeza. Yo sabía que tú tendrías que pasar por lo que has pasado. Yo sabía lo que eso significaría. Sin embargo, yo estaba allí de una manera especial porque pasé por ese camino antes que tú. Es lamentable, pero tú tuviste que seguir algunos de esos pasos que tuve que dar yo. Aun así, yo estaba allí, y es por eso que, debido al dolor y la destrucción que te infligirían, mi vida fue así.

»Quizá te diste por vencida y no te culpo. Yo sabía el final de mi situación, pero tú no sabes nada de la tuya. Tú no tienes ni la más remota idea de lo que hay por delante en tu vida. Huiste de mí por lo menos durante dos años. Tú eres mi ovejita. Mi pequeña niña. Fuiste por tu camino. He sentido aflicción por ti. Sufrí en la cruz por ti. No abrí la boca para que te lo quitaran pues sabía que te obligaron a guardar silencio durante tantos años, que si hubiera rogado pidiendo misericordia, no tendría respuestas que darte. Guardé silencio por ti. Dios hizo que pasara esto. No lo entendí y llegué al punto de clamar a Dios cuando estaba colgado en la cruz: "¿Por qué, por qué me has desamparado?". La respuesta de Dios fue: "Debes hacer esto por Julia".

«Me apartaron de los demás. La voluntad de Dios para mí fue que me maltrataran y sufriera. Esto lo hice por ti y por muchos otros, pero en especial por ti.

»Julia, después que pase todo esto, habrá luz, un nuevo camino para ti, y vas a encontrar satisfacción. Al conocerme a mí, vas a ser capaz de ayudar a muchos»*.

(* Una variación de esta paráfrasis apareció en *Counseling Survivors of Sexual Abuse* [Consejería para los sobrevivientes de abusos sexuales], Tyndale, Wheaton, IL, 1997, pp. 138-141.)

¿En qué piensa después de leer esto? Tome tiempo para escribirlos en su cuaderno. Permita que la personalización de este pasaje le recuerde que Jesús sabe.

El Dios que adoramos habla. Tiene voz. Se manifiesta a nosotros. Es preciso que lo escuchemos con urgencia. Él también nos dio voz. Él anhela que le hable y que lo haga con franqueza. Use estas sugerencias para que le ayuden a interactuar con Él. Escúchelo. Háblele. Él le hablará y le mostrará «los tesoros en la oscuridad».

Escuche las voces de estos sobrevivientes que encontraron el tesoro en la oscuridad:

Mi corazón se elevó

Mi corazón se elevó
Y encontró el trono de Dios.

En el umbral de la esperanza

*Yo, la que fui rechazada,
La que estaba vacía,
Que fui olvidada...*

*Mi corazón se elevó
Y sintió el apretón de
La mano de Dios.
Yo, la que fui desechada,
La que no fui tocada,
La leprosa...*

*Mi corazón miró hacia dentro
Y conoció el amor de Dios,
Yo, la que fui odiada,
Difamada y era temerosa...*

*Mi corazón cambió la dirección
Y vio el corazón de Dios.
Yo, la amada, la
Redimida, la llena de gozo...*

*He aquí, Señor,
Envíame a mí.*
Escrito por Lynn Brookside, abril de 1994

«He llegado a ver el mal por lo que es: algo siempre presente, espantoso y muy difícil de entender. Sin embargo, a través de esa nube oscura una luz ha resplandecido y su nombre es Jesús. Qué diferente lo veo ahora. Él está triste, triste por las cosas terribles que me hicieron otros y triste por el dolor que eso trajo a mi vida. Él llora. Él me ama. Mi ceguera era *muy grande. Yo no podía ver que Él me amaba. Él me ha ayudado a ver todo el dolor que sufrió a manos de hombres malvados. Él entiende mi dolor. Él sabe».*

Quiera Dios que usted también llegue a encontrar a «Aquel que sabe». Él es el tesoro en la oscuridad.

Quinta parte

Cómo encontrar la ayuda de otros

CUANDO sufrimos, necesitamos que otros caminen a nuestro lado. Dios nos llamó a que nos cuidemos unos a otros y a que prestemos atención especial a los que son más débiles (1 Corintios 12). Todo sobreviviente que enfrenta el dolor del abuso y busca la sanidad y la transformación está en un lugar de «más debilidad».

Si es un sobreviviente del abuso sexual, es importante que no solo tenga a alguien que camine a su lado, sino que tenga a alguien que sepa lo que usted necesita y lo que no necesita. Cuando las personas no saben qué hacer, se sienten incómodas y sin querer pueden dañar a alguien que ya está herido.

El propósito de esta sección es doble: asistirle para que encuentre la ayuda que necesita, y darle pautas en cuanto a las personas que escoja para que anden a su lado en el camino.

23

Cómo encontrar un buen consejero

Algunos de ustedes llegarán a la conclusión de que desean encontrar un consejero profesional que los ayude a tratar de dilucidar su experiencia y que camine a su lado por la senda que conduce a la sanidad. ¿Cómo toman esa decisión? Escuchen las voces de estos sobrevivientes que describen sus experiencias en cuanto a la consejería.

«Aun cuando lo que tenía que caminar era por el camino de entrada de la terapeuta para llegar a su oficina, parecía un camino largo y empinado. El tomar ese primer paso de entrar a su oficina parecía destacar las tremendas luchas dentro de mí. Yo había visto a otros terapeutas antes y aunque en mi vida ocurrieron algunos "cambios superficiales" que me ayudaron, mi profundo "ser interior" todavía estaba dañado y no había sido tocado».

«Yo no sabía lo que lo que me pasaba excepto que sabía que tenía problemas y creía que eso tenía que ver con mi niñez. Tenía la cabeza llena de palabras que querían expresarse. Necesitaba a alguien que me escuchara. No podía seguir aguantando la soledad. ¿Pero quién? ¿Cómo encontraría a alguien? Cada vez que escuchaba hablar de consejeros, hacía preguntas. Quería saber cómo trataban a las personas. Al final encontré a alguien que una persona en quien confiaba me recomendó sin reservas».

Suponga que llegó a la conclusión de que necesita ver a un consejero. Quiere hacerlo. No quiere hacerlo. Necesita hacerlo. Tiene miedo hacerlo. Bien, por lo menos, trate. ¿Y ahora qué? ¿Qué debe hacer para encontrar a un consejero? ¿Cómo se da cuenta de si uno es bueno y otro no es tan bueno? Es preciso que haga investigaciones para encontrar un buen consejero. Hable con personas en las que confía y que reciben consejería. Pregúnteles qué les gusta y qué nos les gusta de su consejero.

Le sugiero cuatro esferas que necesita considerar cuando busque ayuda. También le voy a ofrecer algunas preguntas que le puede formular a su consejero en su búsqueda de uno que sea apropiado para usted.

1. Preparación. Si va a pagar dinero por el servicio de consejería, tiene el derecho de preguntar sobre lo que va a recibir. Un grupo de diplomas en la pared no le garantizan que sea bueno el consejero que los obtuvo. Sin embargo, parte de la consejería eficaz es el conocimiento, y los estudios brindan una gran cantidad de conocimiento. A continuación le presento algunas preguntas que podría formularle al consejero que esté considerando: ¿Qué títulos obtuvo? ¿En qué esferas? ¿Cuáles son las esferas en que es experto? ¿Ha recibido preparación especial para tratar con el abuso sexual? ¿Qué clase de preparación? ¿Es licenciado en algo? Si tiene planes de usar su seguro médico para pagar los honorarios del consejero, este tendrá que tener algún tipo de licencia. Verifique con su compañía de seguros para ver cuáles son los requisitos.

Ahora quiero dejar claro que la preparación no es una garantía de que va a recibir lo que necesita. A través de los años me he relacionado con muchas personas relativamente poco adiestradas (en lo que respecta a las normas académicas), cuyo trabajo con sobrevivientes fue maravilloso. Mi programa universitario, el cual terminé hace veinticinco años, no me enseñó nada sobre al abuso sexual. Los estudios son solo uno de los factores a considerar. Usted tendrá que decidir lo importante que es para usted.

2. *Experiencia.* Los consejeros pueden tener cinco diplomas y ninguna experiencia en trabajar con sobrevivientes de abuso sexual. No obstante, si en general son excelentes consejeros, sinceros en cuanto a su falta de experiencia y están dispuestos a aprender de usted (no solo usted de ellos), es posible que hagan un trabajo fantástico. Yo he aprendido de mis pacientes. Fueron maestros maravillosos y continúan enseñándome.

Si a un consejero le falta experiencia o preparación, usted podría preguntar si está bajo la supervisión de alguien que tenga experiencia en abuso sexual. Una buena supervisión va a llenar muchos vacíos e impedir muchos errores.

3. *Sexo.* ¿Se siente más cómodo con las mujeres que con los hombres? Siéntase libre para pedir un consejero del sexo que prefiera. Las mujeres víctima de abuso por hombres, y los hombres que sufrieron el abuso de mujeres, a menudo prefieren un consejero del sexo opuesto al del que los maltrató. La consejería da temor y no es necesario agregarle cosas que enfrentar. Algo para considerar: Muchos sobrevivientes han descubierto que es importante comenzar el tratamiento con alguien que no sea del sexo del abusador, pero han encontrado que hacia el final del tratamiento, les ayuda mucho en la sanidad terminar el trabajo con un consejero que lo es.

4. *Fe.* Una esfera crucial es la fe del consejero. Lo que creen los terapeutas influye en lo que son y lo que hacen. Repito, debe sentirse libre para formular preguntas. Toda persona que conoce y ama a Cristo va a recibir esas preguntas de buen grado. Una nota de advertencia. El concepto de la espiritualidad parece ser muy popular en la actualidad. Encuentro que mucha gente habla de sí misma

como cristianos o «personas de fe» cuando, en realidad, no conocen a Cristo. Esto quiere decir que aunque las personas digan que son cristianas, no dé por sentado que lo son.

Si vive en una zona rural o aislada, tendrá menos opciones. Si ese es el caso, no suponga que un consejero que no es cristiano no tiene nada que ofrecerle. Si los consejeros disponibles tienen buena preparación y experiencia con sobrevivientes, pueden ayudarle con muchas cosas. Será preciso que seleccione lo que escucha (aunque, a decir verdad, espero que haga lo mismo con un consejero cristiano). Es obvio que no le podrán ayudar en lo referente a sus luchas con Dios.

Sin embargo, recuerde que las Escrituras nos dicen que la vida viene del Espíritu. Así que mientras que puede aprender y crecer de una relación de consejería, la redención viene de Dios, no de la terapia.

Algunos sobrevivientes se preguntan qué pueden esperar de la terapia. Mientras que la terapia sola no da vida, brinda un lugar seguro, apoyo, aliento y un constante recordatorio de lo que es verdad. La siguiente nota, que escribiera una paciente a su terapeuta, expresa el valor de la terapia en su proceso de sanidad.

> «Quiero darle las gracias por caminar conmigo mientras me hablaba. Gracias por su constancia, tiempo, amor, por escucharme y por decirme la verdad. Estoy muy agradecida de que Dios me trajera a usted, una persona que ama a Jesucristo sobre todo lo demás y que busca su rostro, y luego me conduce al lugar en el que Él está esperando para sanarme y fortalecerme».

ALGUNAS SUGERENCIAS

Le ofreceré unas pocas sugerencias más para encontrar a un buen consejero:

1. Si necesita referencias para encontrar consejeros en los Estados Unidos, puede ponerse en contacto con dos grupos confiables: Enfoque a la Familia (llamando al 1-800-232-6459), y *American Association of Christian Counselors* [Asociación Americana de Consejeros Cristianos] (en el 1-800-526-8637).
2. Si está en una relación de consejería y descubre que escucha campanas de advertencia, hable. Si dice que no se siente cómodo con ciertas cosas (tales como el toque), y si no le prestan atención, no está seguro en ese lugar. ¿Recuerda la mujer que habló de las señales de advertencia que pasó por alto cuando fue a su pastor pidiendo ayuda?
3. Debe sentirse respetado y escuchado en la relación. Las preguntas se deberían contestar con sinceridad y no en forma defensiva.
4. Es posible que su trabajo sea largo y por cierto que va a ser difícil. Le hará falta una relación en la que esté seguro y en la que la repetición ocurre sin que haya impaciencia.

Escuche la voz de esta sobreviviente que describe lo que le brindó su consejera:

«Muy parecido a cómo un niño aprende a leer, ella se sentó conmigo mientras yo expresaba dolor privado que no se había hecho palabras. Había

palabras que temía decir y temía que las escuchara. Ella permaneció conmigo a medida que yo luchaba. Estoy segura que hubo semanas, tal vez meses, en los que esperó para decir algo. Desde el principio me di cuenta de que hablaba con un propósito. Mirando hacia atrás veo que consideraba cuánto podía recibir y que medía la verdad en pequeñas cantidades.

»Me dio muchas cosas valiosas. Me escuchó, me esperó y prestó cuidadosa atención al tiempo, en cuanto a cómo y cuándo hablar. Me enseñó que puedo tener diferentes sentimientos al mismo tiempo, que no estaba loca por sentirme tan confundida, que estaba atascada porque tenía demasiado que enfrentar sola. Trajo sentido a mi trastorno mental. Me ayudó a ver con claridad. Sentía tristeza por mí, me calmaba y dirigía mi manera de pensar, tenía esperanza por mí, sentía dolor por mí y trabajó arduamente por mí. Me respetó. Desde nuestra primera sesión, quiso saber lo que era sentirse como yo».

24

Sugerencias para las personas que están junto a un sobreviviente

Este capítulo es para quienes decidieron acompañar a alguien en su lucha contra los efectos y el daño causado por alguna clase de abuso sexual. Este camino va a cambiar la vida y también va a dar vida. Lo que sigue es una carta de una persona que reflexiona en su experiencia de obedecer el llamado de Dios de caminar al lado de una sobreviviente, de entrar al sufrimiento de esta y de disfrutar el gozo de la sanidad de la sobreviviente:

> Querida Diane:
> Una mañana me encontraba leyendo acerca del día antes en que traicionaron a Jesús. Él pasó su tiempo amando a sus discípulos y se los demostró al lavarles los pies. Su amor por ellos no dependía de su comportamiento. Él nos dice que nuestro amor por los demás debe ser igual. Me di cuenta que Él me estaba hablando cuando leí: «Les he puesto el ejemplo, para que hagan lo mismo que he hecho con ustedes [...] Dichosos serán si lo ponen en práctica». He sido bendecida más de lo que pueden expresar las palabras a medida que he caminado al lado de sobrevivientes de abuso sexual. Los caminos de Dios son en realidad paradójicos. Lo que a menudo a otros les parece un sacrificio fue mi mayor gozo.

He aquí algunas de las bases y cosas esenciales que encontré que necesitaba para ayudar a una sobreviviente de abuso sexual:

1. Fue esencial que reconociera mi propia incompetencia. El abuso es más horroroso de lo que jamás imaginé, y el daño que se le hace a una vida va más allá del entendimiento. El abuso es el abismo del infierno y los estragos que causa son terribles. Yo no puedo hacer que sea mejor. No sé «la solución». Mi llamado es que esté allí y que ame.

2. El proceso de la sanidad lleva muchísimo tiempo. Lleva más tiempo del que a menudo pensé que debería llevar. Necesito aprender a perseverar. Necesito estar preparada para estar allí, aun cuando no me «quieran» allí. Debo ser solícita, estar disponible, prestar apoyo sin ser insistente.

3. Estamos en una guerra espiritual. Le tuve que pedir a Dios que me equipara para la batalla. Detrás del abuso está el enemigo de nuestras almas, un enemigo que esparce mentiras, que trata de esclavizar y que desea la destrucción. Debemos estar firmes contra «las fuerzas espirituales del mal» a beneficio de la sobreviviente. Tenemos el llamado a interceder. Aprendí a no esperar que la sobreviviente luchara sola. Dios me llamó a interceder por ella.

4. Necesito fe en Dios. Tal vez el don más necesario que Dios nos da es la fe, no en nosotros mismos, sino en lo que Él puede hacer. Mi amiga no era capaz de confiar en Dios. Le robaron toda la esperanza. Necesitaba que yo creyera por ella. Dios me dio la seguridad de que podía redimir cualquier situación. Mi amiga necesitaba que le dijera eso todos los días. Aun cuando no era capaz de creerlo por un largo tiempo, sé que fue

determinante que alguien en su vida «viera» la sanidad en su futuro, cuando todo lo que ella veía eran tinieblas.

5. Yo tenía que protegerme a mí misma. Una de las cosas más difíciles para mí fue aprender a entrar en el dolor de otra persona sin que me ahogara dicho dolor. Debido a que la desesperación era tan profunda, era difícil no dejar que me embargara. Yo volvía una y otra vez a esta verdad: «Mayor es el que está en ustedes que el que está en el mundo».

Uno de los gozos más grandes que ha experimentado mi corazón ha sido ser parte de la restauración de Dios en una de sus hijas. Es un milagro ver cómo Dios, con ternura, va arrancando las capas de las heridas y el dolor a fin de llegar a la parte más profunda del alma y sanarla de dentro afuera.

PAUTAS

Si decide caminar al lado de un sobreviviente en el sendero que tiene por delante, puede aprender de las experiencias de otras personas. En primer lugar, ha hecho un buen comienzo si ha leído este libro. Le sugiero que lea otros libros para aumentar su comprensión de los efectos del abuso sexual. He incluido una lista de lectura al final de este libro.

En segundo lugar, le doy algunas cosas específicas que hacer y otras cosas que no se deben hacer, que no solo le ayudarán a saber qué hacer, sino que le ayudarán a evitar errores que dañarían a una persona que ya está herida.

Qué hacer...

1. Reconozca el honor que una persona le da si opta por decirle que fue víctima de abuso sexual. Al decírselo, la

persona decide que usted es alguien seguro, alguien en quien se puede confiar. Nunca desestime el valor que se requiere para decir por primera vez: «Soy víctima de abuso sexual». Es aterrador traer a la luz algo que ha sido un secreto muy bien guardado por décadas.

2. Tenga presente que el abuso sexual de un niño tiene consecuencias profundas y de larga duración. Esto es especialmente cierto cuando el abusador es un miembro de la familia, el niño era muy pequeño y el abuso se mantuvo en secreto durante mucho tiempo.

3. Esté dispuesto a ser testigo de un dolor muy grande. Verá mucho dolor, preguntas difíciles e ira. Muchos de nosotros nos sentimos incómodos con estas cosas y queremos hacerlas desaparecer.

4. Esté dispuesto a creer lo increíble. El estar sentado frente a un sobreviviente de incesto lo lleva cara a cara con algunas de las cosas más malignas y viles que un ser humano le puede hacer a otro.

5. Examine sus propias actitudes delante de Dios. El estar al lado de un sobreviviente de abuso sexual lo obliga a enfrentar sus propias ideas preconcebidas en cuanto al abuso sexual, al dolor, al bien y al mal, a la justicia y a la injusticia, y a los hombres y las mujeres.

6. Ayude al sobreviviente a encontrar ayuda profesional. Las consecuencias del abuso sexual son complejas. Ayúdele a encontrar a alguien que sea experto en esta materia.

7. Busque personas que le ayuden a formar una red de apoyo para el sobreviviente. Un grupo confiable y amoroso es mejor para el sobreviviente y para usted.

8. Si el sobreviviente es casado, ayude al cónyuge a encontrar el apoyo y la ayuda para entender estos asuntos.

9. Si el sobreviviente es soltero, es posible que necesite un lugar en el que se pueda quedar algunas veces. La soledad con recuerdos atormentadores es aterradora.

10. Entienda que lidiar con recuerdos de trauma casi siempre provoca pesadillas. Un sobreviviente puede experimentar terrores nocturnos durante muchos meses. Ayuda en gran medida tener a alguien de una red de apoyo a quien se pueda llamar a cualquier hora durante la noche.

11. Averigüe si el sobreviviente tiene problemas con el alcohol o las drogas.

12. Tome cualquier amenaza de suicidio con suma seriedad. Infórmele al consejero o lleve al sobreviviente a un consultorio o clínica médica si amenaza con suicidarse.

13. Recuerde que el incesto es un hecho criminal.

14. Comprenda que la sanidad lleva tiempo. Dios nos creó para vivir dentro del tiempo y sanar toma tiempo. La sanidad del abuso sexual no es un proceso rápido. Destroza muchas cosas fundamentales. Nuestro Dios es un Dios de redención, y por lo general trabaja por medio de las personas y del tiempo. Tenga paciencia. Y después tenga aun más paciencia.

15. Sea consciente de su vocabulario, el tiempo en que hace las cosas y su lenguaje corporal. Cuando nos enfrentamos a alguien que sufre mucho dolor, las palabras de esperanza y paz son a menudo nuestra primera respuesta. No se apresure. Escuche. Las palabras de amor y esperanza solo comenzarán a tener sentido cuando parten de una relación con usted. Oré con fervor por una mujer con la que trabajaba hace años, pidiéndole a Dios que le mostrara cuánto Él la amaba. La respuesta de Dios fue: «Muéstraselo tú. ¿Tú

quieres que sepa cuánto la amo? Entonces, demuéstrale ese amor».

16. **Esté preparado para la repetición.** El sobreviviente necesitará contar su historia muchas veces. Las palabras tranquilizadoras de usted, su fe y su esperanza harán falta que se repitan. Será preciso que le diga la verdad una y otra vez. Las mentiras son fuertes.

Qué no hacer...

1. No crea que el abuso sexual no sucede en familias que parecen «buenas». Ocurre en los hogares de los pastores, de los directores de coro y de «ciudadanos notables».

2. No minimice lo sucedido. Decir: «Al menos no te mataron», no ayuda al sobreviviente. Todos los casos de abuso sexual son serios, aun si el abuso ocurrió una sola vez o si nunca fue más allá del manoseo. Todo abuso sexual es una violación de la ley de Dios.

3. No implique que el sobreviviente tiene la culpa del abuso. Nada justifica el abuso sexual.

4. No excuse al abusador. Cualquiera que fueran los problemas del abusador que perpetró la violación, nunca son una justificación para dicho abuso.

5. No reaccione con sorpresa visible, horror o disgusto.

6. No le tema a la ira ni al dolor. Esos sentimientos van a ser intensos. Si no hay ninguna emoción cuando le relatan la historia, es probable que el sobreviviente todavía esté negando el impacto.

7. No le diga al sobreviviente que solo tiene que perdonar y olvidar. Es absurdo decirle al sobreviviente que olvide. La verdad se debe enfrentar aun antes que el

sobreviviente sepa qué hace falta perdonar. El perdón es obra del Espíritu Santo, no es un interruptor que nosotros encendemos. Un sobreviviente le puede pedir a Dios que le enseñe a perdonar la maldad del abuso. Ningún sobreviviente logra simplemente producir el perdón. Perdonar es sobrenatural.

8. No crea que el sobreviviente solo quiere atención. El abuso sexual es terrible. El sobreviviente *necesita* atención y usted tiene razón al prestarle atención. Ame al sobreviviente y luego ámelo aun más. Y cuando sienta que ya no tiene más amor, arrodíllese y clámele a Dios a fin de que lo llene con más de su amor para que pueda continuar y amar todavía más.

SUGERENCIAS GENERALES PARA RESPONDER AL SUFRIMIENTO

Cuando trata con personas que han sufrido profundamente, puede responder de varias maneras que sirven de ayuda:

1. Escriba notas de aliento. Las notas no requieren una respuesta inmediata y se pueden leer una y otra vez.

2. No espere que alguien que sufre lo llame. El sufrimiento debilita. Por lo general, los que sufren no pueden tomar la iniciativa.

3. Incluya al sobreviviente en actividades divertidas. La diversión puede ser una distracción momentánea del dolor y el sufrimiento.

4. Sea fiel en la intercesión. Mucha de la batalla se pelea en esta esfera.

5. Sepa que usted no tiene todas las respuestas (¡yo tampoco las tengo!). Su presencia en el medio del dolor es un gran don.

6. Cuídese. Usted no logrará ser eficiente si está agotado, quemado. A menudo respondemos al sufrimiento con uno u otro de estos extremos: nos protegemos poniendo distancia del sufrimiento, o lo absorbemos como una esponja y luego nos da un colapso. El abuso sexual es maligno. La violencia es maligna. Usted es una persona finita. Conozca sus limitaciones. Esta es una de las razones por las cuales es sabio tener un grupo de apoyo.

7. Busque a Cristo, quien es la única Fuente de vida. Mantenga su relación con Él de forma ininterrumpida. Él es el único capaz de enfrentar victorioso al mal y a la muerte.

RESPUESTAS DE ALGUIEN QUE FUE VIOLADO

Las estadísticas indican que una de cada diez mujeres cae en las manos de un violador en algún momento de su vida. (Aunque los hombres también son víctimas de violación, escribo estas sugerencias para las mujeres que son víctimas). La palabra *violación* trae temor al corazón de las mujeres. Por fortuna, ha habido mucho cambio en cuanto a las actitudes hacia las mujeres violadas. Sin embargo, todavía existen falsos conceptos (Ella lo pidió. Si no hubiera usado una falda corta...). La violación es un crimen violento y se debe tratar como tal. La siguiente lista de cosas que hacer y cosas que no hacer le serán de utilidad a fin de ayudar a alguien víctima de violación.

Qué hacer...

1. Dígale a la mujer que a menudo es mejor no resistir al atacante.
2. Asegúrele que la violación no es culpa de ella.

3. Anímela para que escriba los detalles de lo sucedido. Ella encontrará que esto es más fácil de hacer a continuación del incidente que después, cuando la interrogan o ejercen presión para que recuerde.

4. Anímela para que reporte el crimen, pero recuerde que al final ella es la que debe tomar esa decisión.

5. Anímela para que vaya de inmediato a la sala de emergencia de un hospital o a la policía si la violación es reciente.

6. Vaya con ella a reportar el ataque o a la sala de emergencia. Es muy traumático que la examinen inmediatamente después de una violación, sobre todo si el doctor es un hombre.

7. Anímela a que busque ayuda profesional. Alguien que está preparado para lidiar con los efectos secundarios de una violación será capaz de ayudarla a dilucidar lo sucedido.

Qué no hacer...

1. No evalúe a la víctima de acuerdo con un estereotipo preconcebido sobre qué clase de mujeres son violadas.

2. No ejerza presión pidiendo detalles del ataque.

3. No reaccione con sobresalto visible, horror y disgusto.

4. No la acuse de tener en parte la culpa.

5. No la desanime para que reporte la violación.

6. No la critique por no resistirse con suficiente fuerza.

7. No la inste a que solo perdone al atacante y que no lo reporte.

8. Ni siquiera insinúe que podría haberse salvado si le hubiera pedido ayuda a Dios o si hubiera hecho algo diferente.

Al igual que la mujer que escribió la carta, quiera Dios que su entrada a la comunidad de los sufrimientos de los sobrevivientes, y de los sufrimientos de Cristo, le traiga incontables bendiciones y gozo. Esto se hizo por mí.

25

Algunos pensamientos finales

La gente de mi oficina se ríe de un hábito que tengo. Alguien me formula una pregunta y yo le doy una respuesta. Siempre regresaré a la persona más tarde y le diré: «Lo pensé...». Creo que este capítulo es una expresión escrita de ese hábito. He escrito el libro y lo he concluido. Sin embargo, espere un momento... lo pensé...

Antes hablamos que usted y yo vivimos en un mundo que yace en el poder del maligno. Dijimos que es por eso que tenemos horrores tales como el abuso sexual de niños y adultos. También sé, de forma práctica, que las necesidades básicas humanas de muchos de ustedes nunca se han satisfecho. La vida está llena de injusticias. Algunas personas crecen en hogares estables, llenos de amor; otras no. Algunas personas experimentan abuso sexual crónico; a otras jamás nadie las tocó de forma inapropiada. Muchos de ustedes han sufrido mucho. Muchos de ustedes continúan sufriendo. Anhelan alivio y es difícil encontrarlo.

Hace algunos años, una sobreviviente con la que estaba trabajando habló de sus luchas y del gran dolor que las acompañaba. Ella anhelaba alivio. Una de las cosas que expresó fue un deseo de «ir al hogar». Se apresuró a decir que no tenía idea de lo que significaba, pues nunca había tenido un «hogar». El lugar en el que creció era cualquier cosa menos seguro. Sin embargo, el concepto de «ir al hogar» de alguna manera ejercía en ella un anhelo poderoso.

La palabra *hogar* evoca muchas cosas para nosotros. Ya sea que hayamos tenido un hogar verdadero, asociamos la palabra con cosas tales como seguridad, estar a salvo, amor, alivio, pertenencia. Estas palabras resuenan en todo corazón. Creo que eso se debe a que nos crearon para vivir en un lugar así. Nos crearon para vivir en seguridad, a salvo, con amor, alivio y con un sentido de pertenencia. Esas eran características de la relación que Adán y Eva tenían con Dios y el uno con el otro. Entonces llegó el pecado y el «hogar» de Adán y Eva se destruyó. Las personas que han perdido su hogar debido a algún desastre hablan de los sentimientos que acompañan a esa pérdida. Se vuelven transeúntes, con el sentido de que no pertenecen a ningún lugar. Se sienten ansiosos e inseguros. Se destrozó su sentido de seguridad.

Me imagino que la mayoría de ustedes, si no todos, logran relacionarse a tales sentimientos. Saben los sentimientos que experimentan cuando parece que su «hogar» se destruyó. Para muchos de ustedes eso ocurrió con el primer manoseo o violación. Aniquilaron la seguridad. El hogar nunca volvió a ser igual. Para otros, ocurrió después en la vida. Una violación más tarde en la vida destruye su sentido de seguridad en el mundo. Aun cuando sucediera en una calle lejana, todavía se siente inseguro en su propio hogar. No logra tranquilizarse. Revisa las cerraduras. Escucha con atención. Desapareció el sentimiento de «estar en el hogar».

Muchas veces escuchamos la enseñanza de que el cielo es un hogar. Se nos dice (y con certeza) que este mundo no es un hogar, sino un lugar de tránsito. En realidad, no pertenecemos a este mundo y no nos sentiremos en verdad como en nuestro hogar hasta que veamos a Jesús. Todo eso es cierto según se nos dice en las Escrituras. ¿Quiere decir eso que cualquier sentimiento de estar en un hogar aquí en este mundo es imposible? ¿Tenemos que resignarnos al hecho de que algunas personas tienen una muestra de lo real y otras no, y que nada puede cambiar eso? No lo creo.

En el umbral de la esperanza

Creo que las Escrituras nos enseñan algo en cuanto a tener un hogar mientras estamos aquí. Dijimos que el mundo yace bajo el poder del enemigo. También dijimos que vino el Hijo de Dios. ¿Qué tiene que ver eso con el hogar? Jesús dijo: «No los voy a dejar huérfanos; volveré a ustedes» (Juan 14:18). Ser huérfano quiere decir no tener padre ni madre y no tener hogar. David dice: «Aunque mi padre y mi madre me abandonen, el SEÑOR me recibirá en sus brazos» (Salmo 27:10). A muchos de ustedes los han abandonado. Otros tienen padres y madres que nunca se comportaron como tales. A otros los abandonaron los amigos, la familia de la iglesia, los cónyuges mientras luchaban con los asuntos relacionados al abuso. ¿Qué quiere decir Jesús cuando expresa que no lo abandonará como si fuera huérfano, sino que volverá a ustedes?

Escuche lo que dice el pasaje de Juan, capítulo 14, refiriéndose a los que aman a Jesús: «Haremos nuestra vivienda en él» (Juan 14:23). Se está refiriendo aquí a la venida del Espíritu Santo para morar en el creyente. El Espíritu Santo viene como un «amo de casa».

¿Cómo hace el Espíritu Santo un hogar, una casa, en usted? Ir al hogar por lo general significa ir a un lugar de consuelo. El nombre que Jesús le da al Espíritu es Consolador. Una de las maneras en que consuela es al hacer un hogar en nosotros y para nosotros. ¿Cómo lo hace? El hogar es un lugar al que pertenecemos. Nos sentimos conectados. Encajamos. Nos reciben bien. Muchos de ustedes han tenido la experiencia de sentirse fuera de lugar, en un grupo de la escuela, en un grupo de la iglesia, en el vecindario o en el hogar de su niñez. Este es un sentimiento doloroso. Sentimos vergüenza y humillación al desecharnos y no tenemos valor.

Al hablar del Consolador, Jesús dijo: «Ustedes sí lo conocen, porque vive con ustedes y estará en ustedes»

(Juan 14:17). ¿Escucha que si usted es hijo de Dios ya no está solo? Tiene un hogar en el cual mora una Persona amorosa que no solo está en usted, sino que morará en usted para siempre. Este no es un hogar en el cual crece y luego deja. Este es un hogar que va con usted a dondequiera que va. Lo escogieron y es bienvenido en este hogar. Lo adoptó Aquel que ama nuestras almas. Tal vez ha habido personas que lo maltrataron y le hicieron sentir como basura, padres que nunca lo amaron, hermanos a quienes no les importa, cónyuges que los abandonaron. Sí, el dolor de tales cosas es inexpresable. Sin embargo, también tiene un hogar. Es parte de él. Lo aman. No está solo.

El hogar es también un lugar en el que está protegido. Muchos de ustedes saben lo que es no contar con protección. Es más, para algunos el hogar era el lugar en el que encontraban menos protección. Su hogar no era un lugar seguro. Da terror tener que volver al hogar y saber que es el lugar más peligroso para usted.

Cuando protegemos a la gente, la cubrimos o la amparamos del peligro. Trabajamos para preservar la seguridad de esas personas. Protegemos a los niños pequeños cuando no los dejamos correr en la calle. Protegemos a una mujer maltratada cuando se le provee un lugar de seguridad. El Espíritu, que vino a hacer su hogar con usted, es su Protector y su Defensor.

Si fue víctima de abuso, tuvo la experiencia de la falta de protección. Sintió miedo y no encontró ningún lugar al cual ir. Fue un momento espantoso. Nadie vino a ayudarlo. Lo dejaron sin refugio. Cuando eso sucede, algo muere dentro. Si es un hijo de Dios, el Espíritu que hace un hogar en usted es su protector. A esta altura lo puedo escuchar decir: «¿Y dónde estaba Él cuando abusaban de mí? Vaya una clase de protector». Él no ha prometido protegernos por completo de todo el mal en este mundo.

Fui muy franca con el hecho de que no puedo responder por qué suceden algunas cosas. Lo que Él hará es cualquier cosa y todo para proteger la vida de Dios en usted. Él es su refugio de cualquier cosa que lo apartaría de Dios.

El hogar también es un lugar en el que nos enseñan o alimentan. Algunos de ustedes tienen la experiencia de ir a su hogar cansados al final de un largo día y ser recibidos con el aroma de una buena comida. Alguien está presente para darle de comer. Alguien se preocupó de que recibiera lo que necesita. Es un sentimiento maravilloso.

Algunos de ustedes no han conocido a su hogar como un lugar en el que lo alimentaban, sino como un lugar de gran privación. Algunos llegaron a un hogar con una puerta con llave y silencio perpetuo. Tenían que arreglárselas como pudieran para comer. A otros nunca se les prodigó un toque de consuelo. Sus mentes no se tuvieron en cuenta y se pasaron por alto. La interacción, el cuidado y la preocupación no estuvieron presentes.

Jesús dijo: «Yo soy el pan de vida» (Juan 6:35). Él también dijo que el Espíritu tomaría de lo suyo y nos lo daría a nosotros. El Espíritu es una Persona que alimenta y cuida. ¿Tiene hambre? ¿Tiene hambre de amor? Él le llevará a Aquel que ama nuestras almas. ¿Tiene hambre de alimentar su mente? Él es el Espíritu de verdad. ¿Está cansado? Él le dará su descanso. Él es quien alimenta y nos imparte la Vida de Dios.

Por último, el hogar es un lugar de preparación. Muchos sobrevivientes, en particular los que sufrieron abuso crónico, hablan de sentimientos tales como no saber de qué manera vivir, ni funcionar dentro de las relaciones. O no tuvieron preparación, o casi siempre les enseñaron mal. Nunca tuvieron padres que les enseñaran con esmero. Más bien tuvieron padres que reaccionaban (a menudo en forma abusiva) en el momento. Estas personas sienten que tienen que adivinar qué deben hacer. Eso da miedo.

Preparar y enseñar significa guiar el crecimiento de alguien, trabajar con una meta particular en mente. Cuando preparamos un sarmiento o un arbusto, lo cortamos para que tome cierta forma. El Espíritu Santo es quien nos prepara. Vino a hacer un hogar en usted y le enseñará y lo preparará. Nos enseña ayudándonos en nuestras debilidades (Romanos 8:26). No nos critica ni nos ridiculiza. Nos ayuda. Viene para ayudarnos en nuestras debilidades. No se aparta ni nos señala con el dedo. Viene a nuestro lado para ayudarnos. Nos enseña al guiarnos a la verdad (Juan 16:13). Cuando se siente confundido, ciego o incapaz de entender, Él lo capacitará para ver la verdad. Él llega al lugar de nuestras debilidades, nuestro desorden y nuestros lamentos, y con amor y un propósito trabaja para conformarnos a la imagen de Cristo.

La obra del Espíritu Santo es una obra espiritual. No es una obra que se vea en un principio. Es una obra del Espíritu invisible en los lugares invisibles de nuestro corazón. Nos resulta difícil caminar por fe y creer que Él está obrando. Él trabaja de dentro afuera. Nosotros (y a menudo otros en nuestra vida) preferiríamos que comenzara primero con la parte exterior. Nos duele y cometemos terribles errores. Estamos seguros de que nuestras vidas no pueden ser redimidas. Y durante todo ese tiempo, nuestro «amo de casa», es decir, el que reside en nuestro hogar, trabaja. Piense de nuevo en una frase del poema que se encuentra al principio de este libro: «Y Él siempre está allí, con firmeza, en silencio, conectando de nuevo».

En medio de su dolor, en medio de la destrucción que otros le ocasionaron, espero que logre escuchar que llegó el Consolador. Él está allí por usted y en usted. En medio de su soledad, en medio de su desconcierto, espero que sea capaz de escuchar que llegó el que habita en usted. Aun ahora Él está haciendo un hogar para usted y en usted.

Quiera Dios que la obra del Espíritu Santo redima en su vida lo que estaba perdido, traiga vida a los lugares de muerte y lo conforme a la imagen de Jesús.

Lecturas sugeridas

Dan Allender, *Corazón herido*, Editorial Betania, Miami, FL, 1995, y *The Wounded Heart: A Companion Workbook*, NavPress, Colorado Springs, CO, 1992.

Lynn Heitritter y Jeannette Vought, *Helping Victims of Sexual Abuse* [Ayudemos a las víctimas de abuso sexual], Bethany House Publishers, Minneapolis, MN, 1989.

Cynthia A. Kubetin y James Mallory, *Beyond the Darkness* [Más allá de las tinieblas], Word, Dallas, 1992, y Cynthia A. Kubetin y James Mallory, *Shelter from the Storm* [Refugio de la tormenta], LifeWay Press, Nashville, 1995.

Diane Mandt Langberg, *Counseling Survivors of Sexual Abuse* [Consejería para los sobrevivientes de abusos sexuales], Tyndale House Publishers, Wheaton, IL, 1997.

Arlys Norcross McDonald, *Repressed Memories: Can You Trust Them?* [Recuerdos reprimidos: ¿Puedes confiar en ellos?], Fleming H. Revell, Grand Rapids, MI, 1995.

Acerca de la autora

DIANE LANGBERG, doctora en Filosofía y Letras, es una psicóloga licenciada que por más de veinticinco años ha tenido su propia consulta y es directora de un grupo de psicólogos en Jenkintown, Pensilvania. Es oradora de conferencias locales y nacionales para líderes religiosos, mujeres, matrimonios, estudiantes y profesionales. La doctora Langberg escribe una columna de consejería en la revista *Today's Christian Woman* y también ha escrito para las revistas *Marriage Partnership, Urban Misión Journal* y *Christian Counseling Today*. Sus libros incluyen *Counseling Survivors of Sexual Abuse* [Consejería para los sobrevivientes de abusos sexuales], Tyndale, 1997, y *Counsel for Pastors' Wives* [Consejería para esposas de pastores], Zondervan, 1988. Diane y su esposo, Ron, viven en Pensilvania con sus dos hijos, Joshua y Daniel.

Made in the USA
Columbia, SC
19 November 2019